NO SÉ CÓMO MOSTRAR DÓNDE ME DUELE

AMALIA ANDRADE

NO SÉ CÓMO MOSTRAR DÓNDE ME DUELE

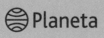
Planeta

© Amalia Andrade, 2023
c/o Indent Literary Agency
www.indentagency.com

Fotografías de interiores: cortesía de la autora
Fotografía páginas 239 y 240: Camilo Zapata

Fotografía de portada: cortesía de la autora
Ilustración de portada: Amalia Andrade
Ilustraciones de interiores: Amalia Andrade
Portada: SOLA, Planeta Arte & Diseño
Diseño de interiores: Amalia Andade y SOLA (@solasolasola_)

Derechos reservados

© 2023, Editorial Planeta Mexicana, S.A. de C.V.
Bajo el sello editorial PLANETA M.R.
Avenida Presidente Masarik núm. 111,
Piso 2, Polanco V Sección, Miguel Hidalgo
C.P. 11560, Ciudad de México
www.planetadelibros.com.mx

Primera edición impresa en México: septiembre de 2023
ISBN: 978-607-39-0522-0

Impreso en los talleres de Litográfica Ingramex, S.A. de C.V.
Centeno núm. 162-1, colonia Granjas Esmeralda, Ciudad de México
Impreso y hecho en México *Printed and made in Mexico*

*A Catalina,
por ayudarme a encontrar el interruptor
de mi propio cuarto oscuro.*

TRYING TO TELL THE DOCTOR WHERE IT HURTS

LIKE THE ALGERIAN
WHO HAS WALKED FROM HIS VILLAGE, BURNING

HIS WHOLE BODY A CLOUD OF PAIN
AND THERE ARE NO WORDS FOR THIS

EXCEPT HIMSELF

TRATAN DE DECIRLE AL DOCTOR DÓNDE DUELE

COMO EL ARGELINO
QUE HA CAMINADO DESDE SU PUEBLO, QUEMADO

SU CUERPO ENTERO UNA NUBE DE DOLOR
Y NINGUNA PALABRA PARA LLAMARLE A ESTO

EXCEPTO ÉL MISMO

— ADRIENNE RICH

ÍNDICE

¿POR QUÉ UN LIBRO SOBRE EMOCIONES, AFECTOS Y ESAS COSAS INTANGIBLES QUE NOS CONFORMAN?

Le digo que no soy buena escribiendo cartas de amor. No soy buena para hablar de lo que me duele. Ella me mira fijo y a través de la pantalla siento su silencio en toda mi cara. Le digo: «Siempre he sido torpe para hablar de mis emociones, no sé cómo hacerlo». Lo intento, pero es como si el lenguaje me abandonara por completo, me traiciona, abre la puerta de la casa y se va. Y quedo yo, balbuceando palabras, sintiéndome ridícula, intentando armar frases sin lograrlo, escupiendo un par de adjetivos acá y otros allá para ver si doy cuenta al menos de una pequeña fracción de lo que estoy sintiendo.

Ella sigue en silencio y yo siento que esta exacta escena es una demostración de lo que le trato de explicar. Llevo seis años haciendo terapia con C., a veces en persona, pero la mayoría de veces por videollamada, así que hago lo que siempre he hecho: me suelto a hablar por lo que se siente como una eternidad acerca de mi corazón roto e incendiado. Un incendio en el que yo misma he prendido el fuego; yo he proporcionado el viento, la tierra seca, los pedazos de madera nueva. Hablo y hablo del desconsuelo y el vacío y el dolor.

Después de diez minutos, o seis años, ella me interrumpe: «Pero dime cómo te estás sintiendo». A lo que yo respondo perpleja: «Pensé que eso era lo que hacía», y ella: «No, estás diciéndome qué piensas. Dime qué sientes, cómo lo sientes y DÓNDE lo sientes».

Todos los días me pregunto por esa diferencia, trato de sentir sin pensar o de pensar sin sentir y me siento como si tratara de descifrar el enigma del huevo y la gallina. Este libro está lleno de un millón de cosas que he sentido y un millón de cosas que he pensado, pero, sobre todo, este libro nace de la pregunta que ella me hizo ese día. Es un intento de respuesta, que en fotos y poemas y dibujos le conteste: Me duele aquí. Lo siento así.

Durante cuatro años recolecté cosas que otras personas han pensado sobre sentir, devoré libros y ensayos sobre el estudio de las emociones. Leí sobre la sociología de las emociones, emociones y política, emociones y lenguaje, feminismo y emocionalidad, economías afectivas, estudios literarios y panoramas sentimentales, neuropsicología, neurociencia, *giro afectivo* y otro montón de cosas que no recuerdo. Irónicamente, entendí a mitad del camino que llenarme de información sobre emociones, sentimientos, estados de ánimo o salud mental es mi mecanismo de defensa predilecto para no sentir. Hiperracionalizar mis sentimientos es la manera más efectiva de no sentir ninguno, pero creer que sí lo estoy haciendo.

Si me preguntan, les diré que fue fascinante leer todo eso, que aprendí mucho y al mismo tiempo me sentí bruta (si no quieren que les pase lo segundo, no se metan de cabeza en cosas del *giro afectivo*, a menos que sean filósofos o genios; yo, lamentablemente, no soy ninguna de las dos). Pero sobre todo diré que NO era necesario. Entender las emociones no me ayudó a sentirlas ni me quitó el miedo de habitarlas. Eso solo sucedió, como es lógico, sintiendo. Ahora bien, sí me enseñó por qué le tenemos terror a sentir (en especial ciertas emociones), por qué pensamos que las emociones son algo que «necesitamos resolver» y cómo la emocionalidad funciona como una moneda, un *token* transaccional.

Entendí que vivimos una guerra contra las emociones que ha durado eternidades y que somos carne de cañón día a día sin siquiera darnos por enterados. Al vivir en un sistema que nos invita a desconectarnos de nosotros mismos, y al haber una clara primacía de ciertas emociones por encima de otras (cosa que no tiene sentido, NO existen emociones mejores que otras ni tampoco emociones buenas o malas, solo existen siglos de juicio, necedad, desconocimiento y manipulación), y al ser nuestra educación sentimental tan precaria (la mayoría de las personas al hablar de emocio- nes solo son capaces de mencionar tres: felicidad, rabia y tristeza)[1], resultamos ser, casi todos, un GRAN batallón de lisiados emocionales.

Somos seres que van por ahí teniéndole un miedo irracional a lo que sentimos —¿corazón roto? Eso da más susto que

---

[1] Según un estudio realizado por Brené Brown, que utilizó como base para la escritura de su libro *Atlas of the Heart,* altamente recomendado si están interesados en entender más acerca de sus emociones.

una aparición mística de la Virgen o que encontrarse un muñeco de vudú con el propio pelo—, y dedicamos una vida entera a hacer lo que sea, desde menesteres ridículos (yo, por ejemplo, gasto miles de horas en lavar las juntas de los baños de mi casa con un cepillo de dientes miniatura) hasta embarcarnos en empresas heroicas (tipo: ser emprendedor en Latinoamérica, despertarse todos los días a las cinco de la mañana porque un señor escribió en un libro que eso era bueno, o meterse a leer sobre la neuroquímica de las emociones), TODO con tal de NO sentir ciertas cosas.

El dolor, por ejemplo. Que si no es el tema principal del libro, sí es algo que lo atraviesa. Al final, este libro es sobre eso intangible que sentimos, callamos, compartimos.

Después de todos estos años de estudio, a veces considero que hubiera sido más útil hacer un pregrado en Psicología (¡Ya me habría graduado!), que tratar de entender estas cosas sola en mi casa. Bien sabemos que el trabajo de investigar en soledad siempre termina desembocando en tener que leer otro libro, que te remite a otro libro, que te hace buscar un par de ensayos para poder entender lo que acabas de leer, lo cual te lleva a entrevistar a cierto experto que te recomienda OTRO experto y así en un *loop* infinito.

Hasta que un día llegan tus amigos a tu casa, tal vez un miércoles o un domingo en la tarde, y te dicen que eres una tonta, que lo que tienes es síndrome de impostor, que dejes de joder, que no estás haciendo un doctorado, que los tienes desesperados, que te pongas a escribir ya, YA, que escribas con lo que tengas, que ya fue suficiente.

Y entonces acá estoy, diciéndoles que lean este libro porque al entender nuestras emociones entendemos el mundo, e intentamos conectarnos, y cuando nos conectamos, nos damos cuenta de que la soledad que cargamos adentro (y que a algunos nos pesa más que a otros) es culpa de una ilusión, un andamiaje diseñado para hacernos creer que pensar es más importante que sentir. Escribo este libro para no tener que hiperracionalizar más mis emociones y para que ojalá ustedes tampoco lo hagan con las suyas.

Escribo este libro para darme el permiso de sentir.

NO

ME

PREGUNTES

MÁS

POR

MÍ

(TEDIO)

Comenzaré por decir que no quería escribir este libro. De hecho, no quería volver a escribir, punto. Nada. No solo textos, novelas, cuentos o libros sobre salud mental. No quería escribir listas de mercado, tarjetas de Navidad, mensajes de agradecimiento, dedicatorias en flores un Día de la Madre cualquiera, respuestas a correos electrónicos, mensajes de WhatsApp, registros médicos ni mi nombre. Sobre todo no quería escribir mi nombre.

Mi identidad ha sido un terreno inestable desde el día en el que supe que era adoptada. Puedo decir con certeza que he gastado más horas que la persona promedio (pero no menos que otra persona adoptada) pensando en quién soy, por qué soy como soy, a quién carajos en el mundo me parezco, qué hago acá y todos esos interrogantes que parecen sacados de una canción de Nirvana. No sé cómo se ve una vida sin un hueco en la parte en la que uno entiende quién es uno. Solo sé que cada vez que alguien dice que se parece a sus padres, a mí me duele la cara.

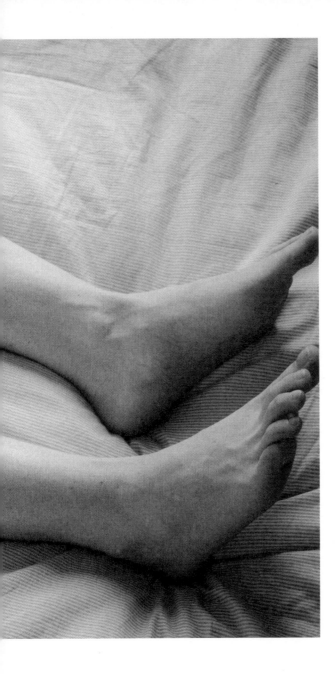

He sabido llenar ese hueco con objetos, sentimientos y rituales. Con lo que sea, en realidad. Con lo que tenga a la mano. Hasta con mis gatos. Cuando miro a Río, le digo que tiene una nariz grande y larga como la mía. Que los dos hablamos mucho y somos tercos. Le digo que tenemos maneras parecidas de decirles a las personas que queremos que las queremos. Río se acuesta, extiende la pata y me la pone encima de cualquier parte del cuerpo, como para decir: «Mira, acá está mi pata. Yo te quiero». Y yo, estiro mis palabras y aunque no estoy siempre presente, mando un mensaje que dice: «Te pienso. Acá estoy. Yo te quiero».

Y luego está Carmen. Carmen y yo podríamos dormir todo el día, sin reparos. No es una exageración. En eso nos parecemos. Carmen nunca escribiría este libro, y la miro y pienso: yo tampoco quisiera escribirlo, pero acá estoy, porque además de llenar el hueco de mi identidad diciendo que me parezco a mis gatos, lo he llenado diciendo que soy escritora. Entonces, supongo que debo ser consecuente y hacer lo que digo que soy. De otra manera, ¿quién sería?

Una escritora que no escribe. Una hija de tres madres y al mismo tiempo hija de nadie. Demasiado mala dibujante para los que dibujan y no tan escritora para los que escriben. Sería una señora que, después de varios temblores emocionales y un par de tsunamis, solo quiere vivir la vida en el borde. Habitar el terreno de la mitad. Ser un lugar liminal. Aceptar la incertidumbre. Entregarme a la caída y hacerles un velorio grande a la persona que fui, a las cosas que pensé, a los libros que escribí, a todos los «te quiero» que pronuncié.

Bienvenidos al velorio de todos mis yo del pasado. A la izquierda podrá encontrar mesas de comida. Si alguno de los asistentes quisiera colaborar a esta ceremonia de luto trayendo alguna preparación gastronómica para poner en la mesa, está bienvenido. Sin embargo es importante anotar que los yo del presente y futuro siguen manifestando una profunda y neurótica fobia al vómito, por lo cual se pide excluir los siguientes platos/ingredientes de cualquiera de sus aportes culinarios: mariscos (los yo son alérgicos), salmón (trae malos recuerdos), tartar de cualquier clase, ostras, intestinos de cualquier animal en cualquier presentación, comida que esté en su nevera y que usted no recuerde cuánto tiempo lleva ahí, sardinas, hígado.

A la derecha podrán encontrar una pequeña instalación a manera de performance donde actores estarán interpretando todas las herramientas emocionales que usaron los yo del pasado para sobrevivir. No queremos caer en favoritismos, pero recomendamos que no se pierdan la instalación núm. 001 - ADICCIÓN AL TRABAJO COMO MÉTODO INFALIBLE PARA NO SENTIR NADA NUNCA y la núm. 009 - ¿HABITAR SENTIMIENTOS? NO, GRACIAS, PREFIERO VIVIR.

Diría que todo esto comenzó con un mensaje de texto, aunque eso sería impreciso. Estas muertes venían cocinándose desde antes, de a poquitos, en el horno de mis entrañas siempre ansiosas. El mensaje de texto fue solo una excusa. El chivo expiatorio de mis angustias. No recuerdo qué día fue. Sé que era el final de la tarde; yo estaba sola en el apartamento y tenía frío. Estaba acostada en el sofá, perdiendo el tiempo en el celular, mirando foto tras foto, hasta que se alumbró la pantalla con una de mi madre biológica. Me tomó por sorpresa. Era extraño verla ahí. Me busqué en su rostro sin mucho éxito y de nuevo me dolió la cara. Ella no sabía que yo podía verla. No sabía que yo era yo. No conocía mi rostro, ni mi voz, ni el sonido de mi llanto. Creo que no tenía ni siquiera manera de saber que existía.

Guardaba hacía más de dos meses su número de teléfono en mi celular. «Algún día le escribiré», me decía. «No es algo que sea urgente para mí», decía. «Es más como una curiosidad fría y casi periodística de saber bien la historia», decía. «Tal vez cuando no sepa de qué escribir, la llamo, le pregunto y me dedico a contar lo que pasó», decía. «Crecí con dos figuras maternas, no es que me falten más», decía.

En la foto estaban ella y su hija, que no era yo. Es decir, su otra hija. Una que sí calificó para quedarse. En el texto que acompañaba la foto, esa hija que no era yo escribía cosas extraordinarias sobre su madre. Que era brillante y generosa. Que era sabia y tenía un gran sentido del humor. Que era la tía favorita de los primos, el alma de la fiesta. Yo no he sido, precisamente, el alma de la fiesta. He *actuado* como el alma de la fiesta, eso sí. En eso soy experta. En actuar. En meterme en el papel de tranquilosqueyovoyaserunaniñaadorablefantásticainteligentegraciosaporque-

losniñosasísonlosfavoritosdetodoelmundoyesosniñosno-
conocenelsentimientodeabandonocreo.

Sin pensarlo mucho, me lancé a redactar el mensaje de texto
en un cuaderno, y luego transcribí esa pequeña carta en el
computador. Apreté mi vida en dos párrafos y medio. De ahí
lo mandé a mi celular y lo envíe. No le conté a nadie. No se lo
mostré a nadie. No pedí el consejo de nadie. Simplemente
me lancé como si no tuviera nada que perder. Como si no se
tratara del principio de todo. Como si no estuviera lidiando
con el origen. Una vez di clic en el símbolo de enviar, lo
que fuera que se estuviera cocinando adentro de mí hirvió.
Cosas que no sabía que tenía escondidas se revelaron de
manera atropellada. Comenzó el temblor, pero el temblor
era yo misma.

Imposible pararlo.

«NADIE ENCIENDE UNA LÁMPARA Y LA TAPA CON UNA VASIJA, O LA PONE DEBAJO DE UN LECHO, SINO QUE LA COLOCA EN UN CANDELERO, PARA QUE LOS QUE ENTREN VEAN LA LUZ. PUES NADA HAY OCULTO QUE NO QUEDE MANIFIESTO, Y NADA SECRETO QUE NO ACABE SIENDO CONOCIDO Y DESCUBIERTO. MIRAD, PUES, COMO OÍS; PORQUE AL QUE TENGA SE LE DARÁ, PERO AL QUE NO TENGA SE LE QUITARÁ HASTA LO QUE CREE TENER.»

EVANGELIO SEGÚN SAN LUCAS 12:1-3

Después de eso no quise escribir más. Nada. Menos mi nombre. No quise ser nadie. Todavía no quiero. Escribo obligada porque las palabras no dichas se me enquistan como un clavo en el tobillo. Lo único que quiero es estar quieta, sacarme de la piel el pasado, volver a aprender a hablar. Aprender a nombrar las emociones que me tragué siendo niña. La búsqueda llegó a un fin. Solo quiero habitar el lugar liminal, y mientras tanto, observo lo que era y contemplo lo que sé que seré. Encuentro paz en esta tensión. Encuentro confort entre los dos polos.

Dejar ir y ser.

Eso quiero.

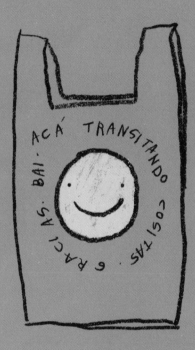

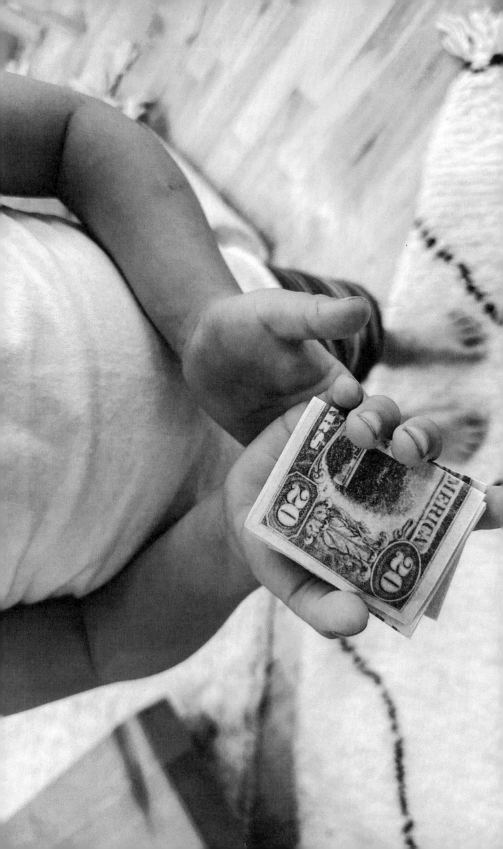

INVENTARIO DE SABERES SOBRE LAS EMOCIONES I

Usted cree que sabe de emociones porque después de todo es un ser humano que ha llorado y reído y todas esas cosas, y yo vengo a decirle que NO. Que usted no sabe nada de emociones. Ni usted, ni yo, ni siquiera Gabriela Spanic[2]. Mi psicóloga de pronto sí (y otro par de académicos también). Tal vez Oprah, Tony Morrison, Brené Brown y otra gente iluminada. El resto de seres humanos estamos aquí creyendo que sabemos sentir, pero somos atropellados por nuestras emociones cada día. Por eso hice este inventario personal de saberes sobre las emociones, porque en estos años de investigación aprendí cosas que me volaron la cabeza; teorías de gente brillante[3] que cambiaron para

---

[2] Para los que no estén familiarizados, Gabriela Spanic es una actriz venezolana de telenovelas. Famosa por su papel doble de villana y heroína en *La usurpadora*. También fue una de mis primeras novias imaginarias, no que a nadie le importe, ni que yo en serio haya tenido novias imaginarias (obvio, sí tuve).

[3] ¿No me cree? ¿Quiere leer a la gente brillante de primera mano? ¿No le gustan ni mis chistes ni que le aliviane los textos académicos? Pues adiós, adiós; vaya

siempre mi química cerebral (y también algunos pensamientos al aire y un par de canciones). Hay una multitud de razones por las que somos analfabetos emocionales. Para comenzar, las emociones son de naturaleza esquiva. Hablar de emociones es como hablar de nubes. Fue difícil estudiarlas y aún más complejo categorizarlas. Se necesitaron demasiada observación y tiempo libre. Yo eso del tiempo libre no lo tengo, no sé ustedes (si sí, los envidio), pero empecé a observarlas y eso resultó fundamental para entenderlas, nombrarlas y habitarlas correctamente.

Emociones y sentimientos, a pesar de lo que usted pueda creer, no son la misma cosa. Al hablar de emociones solemos referirnos a una serie de experiencias multifacéticas de reacción a un estímulo que tiene lugar en el cuerpo, que se experimenta de manera subjetiva y que se activa a través de neurotransmisores y hormonas[4]. Los sentimientos, por otro lado, son la experiencia consciente de dichas emociones.

---

directo a la bibliografía en la página 246 y gástese una fortuna en esos libros.

[4] Vamos a usar esta definición acá, pero como bien lo deja claro Brené Brown en *Atlas of the Heart*, nadie parece ponerse de acuerdo en una definición última de emoción. Esto sucede porque las emociones se estudian desde múltiples disciplinas como la psicología, la filosofía (los afectos), la sociología, la psiquiatría, la neurociencia. Esta definición en particular es la que plantea António Damásio, un neurocientífico dedicado a estudiar las emociones y cómo estas nos definen como sociedad.

Así como diferentes estímulos resultan en reacciones emocionales, diferentes emociones generan sentimientos en las regiones neurocorticales del cerebro. Los sentimientos, por su parte, toman formas diferentes en cada uno de nosotros y se ven impactados por nuestras experiencias de vida, recuerdos o creencias.

Yo sé que está difícil, pero yo voy a explicarlo de todas las formas posibles. Por ejemplo, así se lo explicaría ChatGPT a une niñe de diez años en 140 caracteres:

AM ¿Puedes explicarle la diferencia entre emociones y sentimientos a une niñe de 10 años, en 140 caracteres?

 Las emociones son como nubes, a veces difíciles de entender y de explicar. Para entenderlas, hay que observarlas. Las emociones y los sentimientos no son lo mismo. Las emociones son reacciones en nuestro cuerpo, mientras que los sentimientos son nuestra experiencia consciente de esas emociones. Cada persona siente y expresa sus sentimientos de manera diferente y eso está influenciado por nuestras experiencias de vida

↻ Regenerate response

Send a message ➤

Si no le cree a la inteligencia artificial,
acá va este tuit...

Amalia Andrade A. ✔
@amaliaandrade_

Tengo una pregunta para una tarea ¿Saben la diferencia entre emoción / sentimiento?

11 Retweets   **2** Quote Tweets   **671** Likes

♡   ⟲   ♡   ⬆

Gloria S Esquivel G @gsesquivel
Replying to @amaliaandrade_
Amiga sentimiento *es* en lo que Tony Dize tiene un doctorado y emociones son las de la película Intensamente.
♡ 2   ⟲ 7   ♡ 281   ⬆

Juliana. @mjmachadof ·   ...
Confirmo esa definición
♡ 2   ⟲   ♡ 7   ⬆

¿Saben cuando abren la puerta y del otro lado está su *crush*? ¿Cuando sienten un segundo de fiebre que luego se vuelve emoción? ¿Y cómo todas las palabras del mundo arman una fila en su garganta, pero ninguna logra pasar por la puerta? ¿Saben...? Esas son las emociones, eso que no logra cruzar la puerta del cuerpo.

Lo otro pasa después. Cuando se cierra esa puerta y agarran el teléfono y escriben en el grupo de sus amigos que su *crush* está en su casa y que al abrir la puerta sintieron náuseas, y que ahora tienen miedo de que la persona que más les gusta en el mundo esté sentada en frente de ustedes tomando café mientras una intoxicación alimenticia se les cuece con violencia en el estómago, y sus amigos responden:

—Amiga, cállate, no estás intoxicada, estás enamorada.

Y ustedes dicen: —Jueputa, sí.

Eso es un sentimiento.

Esos estímulos, claro que sí, pasan por el cuerpo, porque todo en esta vida nos llega a través de los sentidos. Y las emociones siempre vienen acompañadas de expresiones faciales y corporales (como alteraciones en el nivel hormonal, el ritmo cardiaco o la presión arterial). Por eso cuando nos gusta alguien sentimos que se nos va a salir el corazón del pecho; y cuando hay turbulencia satánica en el avión, también. Respuestas fisiológicas parecidas, emociones diferentes. Anoten para que no se confundan la próxima vez que sientan taquicardia. Mi cerebro ansioso estaba tan acostumbrado a relacionar el corazón en la boca con un ataque de ansiedad que las primeras veces que salí a correr pensaba que estaba teniendo un ataque y me tocó explicarme esto a mí misma, con la compasión con la que se lo explicaría a un niño de primaria.

Nuestras emociones son estados mentales MUY complejos, en los que confluyen procesos cognitivos y fisiológicos. ¿Por qué es importante saber esto? Porque cuando entendemos que una emoción tiene un componente mental y otro físico y que entre ambos se retroalimentan, podemos comprender más a profundidad qué demonios está pasando con nuestro cuerpo y ganar control sobre ciertos estados emocionales, en especial aquellos que son muy incómodos.

Por ejemplo, comprender la siempre exagerada y nunca moderada ANSIEDAD. Cuando entendemos que en los momentos de ansiedad extrema sucede un proceso de pensamiento que se retroalimenta con una sensación física y viceversa, podemos ganar claridad y parar la sensación de amenaza urgente.

A continuación un test de opción múltiple de películas que nos hacen sentir un montón de cosas en el cuerpo. ¿Es ansiedad o es amor? Envíenme sus respuestas y les diré si son correctas.

«Soy solo una chica, parada frente a
un chico, pidiéndole que la ame».
–*Notting Hill*
Ansiedad, amor o manipulación

«Nunca te dejaré ir».
–le dice Jack a Rose en *Titanic*.
Ansiedad, amor o estrés postraumático[5]

Cuando Sharpay le asegura una beca a
Troy con tal de que cante con ella, en
High School Musical.
Ansiedad, amor o tráfico de influencias

Cuando Noah le construye una casa a Allie,
a ver si vuelve, en *The Notebook*.
Ansiedad, amor o especulación inmobiliaria

---

[5] Mi amiga Gloria Susana me contó la mejor teoría
existente sobre esta película. Dice que Jack y Rose
nunca estuvieron juntos, no se enamoraron, ni
hicieron el amor en un carro parqueado en un mega
buque y Rose nunca dejo sus huellas en la ventana
empañada, porque Jack NUNCA existió. Jack fue una
respuesta postraumática del cerebro de sobreviviente
de Rose, un artilugio que inventó su mente para darle
forma a su experiencia terrible, para darle un sentido
a lo que vivió, una manera de contarse a ella misma
una historia profundamente dolorosa de manera que
fuera digerible, transitable e incluso hermosa. Por eso
Jack muere, y por eso Rose no lo monta en su tablita
en la que EVIDENTEMENTE cabían los dos. No es que
fuera egoísta, es que estaba *TRAUMATIZADA*.

«Vine aquí esta noche porque, cuando te
das cuenta de que quieres pasar el resto de
tu vida con alguien, quieres que el resto de tu
vida empiece lo más pronto posible».
–le dice Harry a Sally en *When Harry Met
Sally.*
Amor, ansiedad o mensaje autogenerado
cuando te dejan en visto

Volver a tu novia un ogro como tú.
–*Shrek*
Amor, ansiedad o sol en Virgo (porque
OBVIAMENTE Shrek tiene el sol en Virgo)

YA VAS A VER CÓMO
VA LA MISMA VIDA A
DECANTAR LA SAL
QUE SOBRA EN EL MAR

(ESPERANZA)

Cuando era niña, una de las cosas que más miedo me daba era mi corazón: que explotara, que se me saliera del pecho. Me acostaba a dormir, ponía la cabeza en la almohada y comenzaba a escuchar lo que parecían ser pasos de ladrones o del jefe de sicarios de Pablo Escobar; entraban en mi casa, subían las escaleras, llegaban al cuarto de mi mamá, al cuarto de mi hermano. Los pasos se detenían en el momento en el que yo alzaba la cabeza de la almohada. Era sospechoso que el jefe de sicarios de Pablo Escobar pudiera sentir que yo estaba al tanto de su intrusión en mi casa, pero eso no lo hacía menos miedoso.

No me paraba de la cama. No buscaba a mi mamá, no gritaba ni pedía ayuda. Lo que hacía en ese momento era orar. Rezaba el *Ángel de la guarda* y como no me sabía más oraciones me ponía a rezar *A mi Dios todo le debo* del Joe Arroyo, que sonaba durante el día en mi casa mientras mi mamá cocinaba o cuando atendía sus bromelias en el jardín:

«Ay, mi Dios, todito te debo / Ay, mi Dios, la dicha te debo
Ay, señor bendito, te quiero / Ay, mi Dios, bendito papá /
Mi Dios divino, te debo».

Y siempre funcionaba: el ladrón se iba, el jefe de sicarios
de Pablo Escobar, también. Nada malo podía pasar cuando
yo cantaba la canciones de Joe.

Años después sigo cantando para rezar. Rezo todas las
mañanas en la ducha. Rezo porque quiero en mi vida cosas
sencillas: que mis gatos vivan para siempre, que mi cerebro
no se enferme, que no me dé tanto miedo volar, que sepa
amar sin reparo.

Rezo para llorar. Canto: «Y no es normal / verte decir que
te perdí / cuando juntas éramos más fuertes que todas las
olas». Y pienso en ella y en las veces que pronunciamos
juntas plegarias mientras bailábamos salsa en la sala de
la casa.

Incluso en mis peores momentos, cuando he estado paralizada por la duda y el dolor, he podido cantar mis canciones
favoritas. No he perdido la fe. Cuando me preguntan qué
es Dios, respondo: Dios es algo enorme, algo más grande
que yo, que al mismo tiempo está en mí. Me trasciende y
me compone.

I saw it in the midnight sun
And I felt it in the race I won
And I hear it in the windy storm
And I feel it in the icy dawn

And I smell it in the wine I taste
And I see it in my father's face
And I hear it in a symphony
And I feel it in the love you show
* for me, yeah*

God gave me everything I want
Come on, I'll give it all to you...[6]

Mick Jagger, God Gave Me Everything

Es repitiendo esas palabras que me encuentro con Dios, y con mi voz Dios me responde: «Nada malo te puede pasar. Yo te sostengo».

Y yo le creo. Mientras dure la canción, le creo.

---

[6] Lo vi en el sol de medianoche
y lo sentí en la carrera que gané
y lo escucho en la tormenta de viento
y lo siento en el amanecer helado

y lo huelo en el vino que pruebo
y lo veo en la cara de mi padre
y lo escucho en una sinfonía
y lo siento en el amor que me muestras, sí.

Dios me dio todo lo que quiero
vamos, te lo daré todo a ti...

A CONTINUACIÓN,
UN MONTÓN DE
FOTOS DE DIOS
DISFRAZADO
DE LAS COSAS
QUE AMO:

CARMEN. ♡

LA MANERA EN LA QUE JULIÁN
VE EL MUNDO.

IR AL
MAR
CONTIGO

EL ~~OR~~ OLOR DEL PÁRAMO.

TODOS LOS CORAZONES EN EL ASFALTO.

LAS TARDES SENCILLAS DONDE NADA
EXCEPCIONAL SUCEDE, PERO ME SIENTO
LIGERA, AFORTUNADA, SATISFECHA.

COSAS QUE SABEN A SOL

INVENTARIO DE SABERES SOBRE LAS EMOCIONES II

A lo mejor muchos de ustedes ya saben toda la información que les he dado, pero yo tengo el sol en un signo de aire. A mí me tomó demasiado trabajo entender que lo que pienso no es lo que siento. Así que con el permiso de la gente piscis que sí sabe sentirlo todo (pero no saben decirlo como Fito Páez), y con la autorización forzada de un par de capricornios que lo NECESITAN, seguiré con la introducción básica al mundo de las emociones.

Hay varias teorías acerca de las emociones primarias y secundarias. Muchos creen en esta división y muchos otros la niegan rotundamente. Me parece útil entender nuestro panorama emocional en una escala de lo básico a lo complejo, porque así también podemos aterrizar nuestras emociones en un mapa emocional más diverso y, a su vez, tener una vida interior más rica y satisfactoria.

Las emociones primarias o básicas son las que más usamos: el miedo, la tristeza, la felicidad y la ira. Es decir, las que vimos en esa película de Disney con la que todos lloramos. Esas emociones primarias surgen como una respuesta evolutiva a situaciones de nuestro entorno que comprometen nuestra supervivencia. El miedo, por ejemplo, es la emoción primaria por excelencia; aparece cuando estamos en la mitad del bosque y vemos un oso, o cuando le damos *like* sin querer en una sesión de *stalkeo* a una foto de hace 103 semanas. El miedo aparece para salvarnos del oso o de quedar en evidencia al pensar en alguien más de lo que admitiríamos. Ambas cosas están directamente relacionadas con nuestra supervivencia, si me lo preguntan.

Sobre las emociones secundarias todavía no hay película de Disney. Tal vez porque son mucho más amplias y complejas o tal vez porque ya todas las películas hablan sobre ellas. Son, por ejemplo, la envidia, el orgullo, el amor o la culpa, y según António Damásio, se desarrollan gracias a nuestra capacidad de autopercepción. ¿Qué es eso? Pues la consciencia de nuestra propia existencia y la evaluación que hacemos de nosotros mismos y de los otros en relación con las creencias, ideas y juicios socioculturales que hemos aprendido.

Películas que no existen sobre las emociones secundarias, pero que deberían existir:

HARRY POTTER Y EL MISTERIO DE POR QUÉ NO NACÍ HEREDERA (ENVIDIA)

MAMÁ, ENCOGÍ MI ORGULLO (DESPUÉS DE IR A TERAPIA)

BARBIE Y LA MAGIA DE DESAPARECER TODOS LOS FINES DE SEMANA (CINISMO)

LA DAMA Y EL VAGABUNDO (¡AH, NO! ESA YA EXISTE)

EL AMOR DESPUÉS DEL POSTRAUMA, SOBREVIVIENDO A MI EX NARCISISTA (DECEPCIÓN)

MIS MIEDOS EXAGERAN,
MI ANSIEDAD MIENTE,
MEDITO PARA CALLAR
TODAS LAS VOCES QUE
ME SEPARAN DE
LO INFINITO

TAN FALTOS

DE AIRE,

TAN LLENOS

DE NADA

(TRISTEZA)

No voy a fingir que es la primera vez que estoy triste, pero debo confesar que nunca había visto esta cara del dolor. Me siento incómoda, infértil. Cansada de librar batallas contra mí misma para después sentir que las victorias palidecen antes de que las pueda tocar. Con los dedos de las manos, con los dedos de los pies. ¿Cuántos dolores llevo conmigo? ¿Es acumulativa su naturaleza? ¿Cómo me purgo de ellos? ¿Cómo puedo sentir que soy yo otra vez?

Quiero ser capaz de sentir sin pasarlo todo por la cabeza. Deshacerme del hábito de racionalizar cada emoción, o de ponerla a un lado, guardarla para más tarde como los restos del almuerzo. De acomodarla estratégicamente en alguna parte de mi sala interior, con desapego. Quiero dejar de mover mis sentimientos como si se tratara de ornamentos, plantas, un abrecaminos o una cuna de Moisés que voy acumulando y que voy poniendo aquí y allá, y que van ocupando los rincones de mi casa. Cualquier espacio libre. Toda esquina vacía. Por meses me entrego con precisión quirúrgica a esta decoración compulsiva. A este convertir sentimientos reprimidos en vegetación, hasta que despierto un día, un sábado a las nueve y media de la mañana y estoy en una selva.

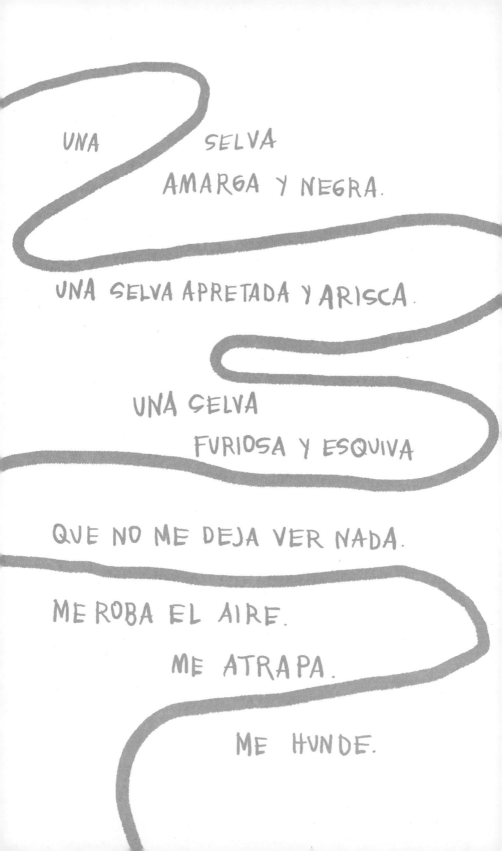

UNA   SELVA
       AMARGA Y NEGRA.

UNA SELVA APRETADA Y ARISCA.

       UNA SELVA
              FURIOSA Y ESQUIVA

QUE NO ME DEJA VER NADA.

ME ROBA EL AIRE.
       ME ATRAPA.

              ME HUNDE.

No puedo sino intentar correr, pero no lo logro, porque descubro que estoy atascada en la arena movediza de la selva mía, donde los árboles son tan gruesos y tan altos que no alcanza a entrar el sol, y por lo tanto, no sé nunca cuándo es de día o de noche, cuánto tiempo ha pasado, quién soy. Paralizada, grito y pido ayuda, una y otra vez hasta que me duele la garganta. Finalmente, cuando aparece la ayuda le digo: «Sálvame. Sácame de acá. Pide un helicóptero». La ayuda me mira y me dice que no, que no me va a salvar, que me toca salvarme a mí misma. Yo pienso que está bromeando, que a lo mejor no me he expresado bien; he minimizado la urgencia. Entonces lloro desconsolada, esperando que en mi llanto se encuentren las palabras que no he dicho y que enuncian correctamente mi dolor y mi desespero. Y no la espuma que asumo me sale de la boca, porque la ayuda no ha entendido que yo quiero morirme y que necesito que me saquen. La ayuda solo me mira, me escucha llorar, ecuánime, en su cara no hay emociones. Me ofrece pañuelos y cuando dejo de llorar me pasa un vaso de agua, me aconseja que me lave la cara y respire, y dice: «Es tu selva indomable. Tú eres su dueña. Solo tú sabes salir de ahí».

—Entonces me quedo —le digo.

—Entonces te quedas —me dice.

—¿Y qué hago?

—Abres camino —me dice.

—Abro camino —le digo. Como si supiera cómo.

Y acá estoy desde ese día. En una expedición botánica dentro de la selva que yo misma armé y mi tarea no es solo abrir camino, sino también estudiar y catalogar especies (por muy miedosas que sean), descubrir, nombrar.

Y finalmente, después de eso, podar, cuidar y convertir mi selva en un jardín de interior, y en ese esfuerzo, encontrar una salida. Mi vida entera es una selva ardiente que tiene en su terreno alzada una pequeña casa con una sola ventana, en la habitación de arriba a la derecha. Si atravieso la vegetación, si logro armar una brújula de espejo y agua de río, si recorto, riego y siembro, caminaré a través de esa ventana y podré, por fin, ver algo como la luz al final de una cueva. Mi deseo de perseguir violentamente lo que quiero. Las dudas paralizantes que son en realidad una premonición de algo grande, algo bueno. Mi curiosidad. Los límites que necesito para crear. El sabor de los sueños cumplidos.

ME HUNDE

ME ~~AP~~ ATRAPA

ATASCADA

 DESESPERO

UNA CUERDA

ABRO CAMINO

SA LA   INTERIOR

CATALOGO ESPECIES

DESCUBRO Y NOMBRO

ESPEJO Y AGUA DE RÍO

RIEGO Y SIEMBRO

CU E V A

CURIOSIDAD

PERSEGUIR VIOLENTAMENTE

LÍMITES

DUDAS PARALIZANTES

SUEÑOS CUMPLIDOS

ERES MI REFLEJO. LA
VENTANA EN LA HABITACIÓN
DE ARRIBA A LA DERECHA.

INVENTARIO DE SABERES SOBRE LAS EMOCIONES

III

Podríamos pensar en las emociones complejas como una mezcla o suma de las emociones básicas. Así lo plantea el psicólogo Robert Plutchik, reconocido por diseñar una rueda que explora las relaciones entre diferentes emociones. Esta rueda, que en realidad es una gráfica, parte de ocho emociones básicas: alegría, confianza, miedo, sorpresa, tristeza, aversión, ira y anticipación. Estas emociones están en un círculo posicionadas frente a su opuesto (la alegría frente a la tristeza, o la ira frente al miedo, por ejemplo). Plutchik va ampliando la rueda con emociones secundarias que resultan de la relación entre emociones primarias, por ejemplo: de la alegría y la confianza surge el amor; o de la sorpresa y la tristeza, la decepción.

A continuación, diferentes miradas a la rueda de las emociones de Plutchik y cómo usarla.

Rueda de las emociones de Plutchik

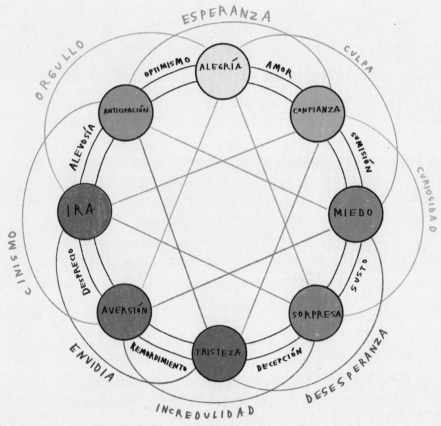

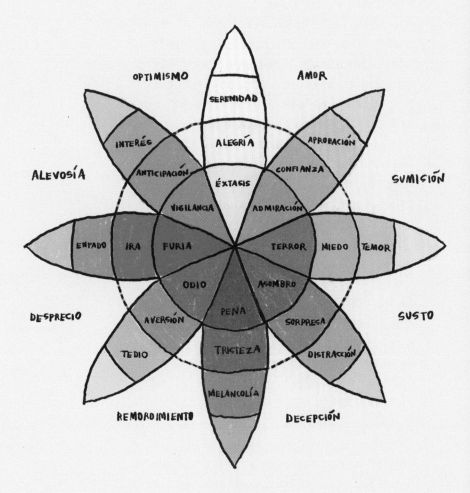

Manual para el usuario de la rueda de Plutchick

Usted dirá: «¿Esto no está como muy de pre-escolar?». Y la respuesta es SÍ y NO. Afortuna-damente hoy es cada vez más usual enseñarles a los niños acerca de sus emociones. Por eso mi sobrino-no sobrino Jacobo, de tres años, tiene pegado en la puerta de su clóset un afi-che con diferentes caritas y emociones para que pueda señalar cómo se está sintiendo en determinado momento. A los que sí les ense-ñaron de manejo emocional a lo mejor pueden saltarse esta parte, pero yo igual la recomiendo porque un repaso no le cae mal a nadie y, de nuevo, es sorprendente cómo estamos tan poco educados sobre nuestras emociones.

Ahora, ¿ustedes saben qué sería del mundo si a nuestros padres les hubieran enseñado esto? ¿O a mi generación? Los carros voladores existirían, no habría guerras, las impresoras fun-cionarían y las secadoras de manos SECARÍAN LAS MANOS (EN VEZ DE REGAR GÉRMENES A DIESTRA Y SINIESTRA).

Pero como no pasó, pues acá estamos. Ahora, usted dirá: «¿Esto para qué me sirve?». Le sirve para MUCHAS cosas.

A. Para identificar sus emociones predomi-nantes y así tomar conciencia de patrones y tendencias emocionales.

B. Para expandir su experiencia de VIDA, porque como bien lo dijo el filósofo austriaco Ludwig Wittgenstein: «Los límites de mi lenguaje son los límites de mi mundo». (De nuevo, recomiendo leer *Atlas of the Heart* de Brené Brown, que se centra en identificar las ventajas de nombrar nuestras emociones de manera correcta, ya que al darles nombres erróneos experimentamos pobremente las cosas y somos más inútiles para navegar nuestros procesos emocionales y acompañar los de otros).

C. Para pelear mejor con su pareja, casi algo, amigue, hermano, madre, lo que sea. ¿Nunca le ha pasado que está en la mitad de una pelea y no sabe lo que siente? ¿O que su pareja está diciendo que siente algo pero está hablando como en chino? HORA DE SACAR LA RUEDA. Después no digan que no pienso en ustedes los tóxicos. Les amo.

D. Para usar en terapia. DIOS SABE que yo he usado esto en terapia. No solo lo he usado: he llegado con mi emoción básica y mi terapeuta me ha dicho: «No, por ahí no es». Entonces he ido a la emoción compleja y cuando la nombro me ha dicho: «Y ¿por qué no te armas un **Diccionario de tus propios afectos**?, porque me parece buena idea que tengas claro que el susto, la tristeza o la alegría pueden tener diferentes significados, en diferentes momentos y con diferentes matices, y que eso aplica para cada uno de nosotros». Y yo: MIRE, SEÑORA, NO ME PONGA MÁS TAREAS. Mentiras, mi terapeuta es una genia. (Si ella está leyendo esto, y obvio sí lo está leyendo porque hablamos de este libro en terapia por tres años seguidos: MIRA, LO LOGRÉ. Y también: GRACIAS SIEMPRE. BAI).

E. Ganar entendimiento sobre usted mismo. Por ejemplo, si siente que en su vida predomina cierta emoción, busque la polaridad. Tal vez esa otra emoción no la tenga tan clara, pero también hace parte de su experiencia. Eso pasa por ejemplo con la ira y la ansiedad. A la una le gusta disfrazarse de la otra.

F. Para mejorar la capacidad de manejo de sus emociones, tener una mejor calidad de vida y crear estrategias de manejo emocional, tener mayor perspectiva sobre su mundo interior y mejores relaciones.

Ahora bien, saber distinguir las emociones no significa que sepamos sentirlas. Es muy fácil confundir el PENSAR nuestras emociones e intelectualizar acerca de ellas, con realmente SENTIRLAS. No necesariamente estamos acostumbrados a lo segundo. Para sentir nuestras emociones lo mejor es llevar la atención a nuestro cuerpo, a las sensaciones que ahí se producen. Por eso mi psicóloga (que es una genia) puso tantas veces énfasis en preguntarme DÓNDE en el cuerpo sentía cierta emoción; la tristeza, por ejemplo. Y CÓMO se sentía.

Otro ejercicio que funciona es intentar poner en imágenes nuestras emociones, representarlas. ¿Hablo de poesía? Por supuesto. ¿No saben muy bien cómo abordar una emoción? Intenten escribir un poema. Si eso les parece muy difícil o no resuena con ustedes, entonces simplemente escriban, o descríbansela a alguien: ¿Cómo se ve su dolor? Si su rabia tuviera un sabor, ¿cuál sería? Si la tristeza pudiera hablar, ¿qué diría? ¿A qué se parece la sensación de alegría que sienten? ¿Qué canciones pondrían sus miedos en una *playlist*? Si no se animan a escribir, dibujen. Y si pueden hacer todas las anteriores, mejor. Recuerden que dibujar o escribir a mano es pasar las ideas o las líneas por el cuerpo. Es pasar por la sangre las palabras.

POR SU ATENCIÓN, GRACIAS.

LO QUE SOLÍA

SER.
AHORA ESTÁ MUERTO
MI IDENTIDAD
SIENDO RECLAMADA
POR EL BARRO Y
EL RÍO.

MI IDENTIDAD
COLAPSADA COMO EL
SISTEMA SANITARIO DE
UN PEQUEÑO PAÍS
SIEMPRE EN GUERRA
(MI PAÍS).

LUDWIG
WITTGENSTEIN

MI IDENTIDAD
YACE EN EL SUELO
A LAS AFUERAS DE
UNA PLANTACIÓN DE CAÑA.

¿QUIÉN SOY DESPUÉS
DE ESTO?
¿PUEDE MI IDENTIDAD
NO TENER CUERPO?

¿PUEDO VIVIR SIN SENTIR
QUE ME ESTÁN SOPLANDO
AIRE TIBIO EN LOS BRAZOS?

NO

JUEGUES

A

INSISTIR

(DECEPCIÓN)

Recibí un mensaje directo en Instagram de una amiga con una confesión: me contó con hastío que había decidido silenciar mis historias de Instagram porque estaba harta de verme en pijama.

Es cierto que he pasado la mayoría de los tres años de la pandemia en pijama (o en sudadera, o en alguno de sus derivados: ropa suelta, ropa que no aprieta, ropa con la que olvido las inseguridades que me genera mi cuerpo), y comprendo que esto pueda resultar molesto para algunos. Vivimos en una época en la que el yo y su *performance* se escinden a través de diferentes canales, lo que se traduce a muchas cosas: entre ellas, la realidad innegable de que podemos amar a nuestros amigos y al mismo tiempo detestar las versiones de sí mismos que comparten en las redes sociales. Por esto defiendo el derecho a silenciarlos a ellos o a quien se nos dé la gana. Escoger cómo nos relacionamos con las personas en un momento histórico en el que la proliferación de las narrativas del yo es rampante y la omnipresente economía digital nos invade, me parece fundamental. Pero todo esto da para un comentario más amplio y profundo que no me atañe ahora.

Un poco de contexto antes de continuar: cuando la pandemia llegó, me encontraba perdida en el episodio más oscuro y violento de depresión que he tenido en mi vida. Es decir, antes de que nos encerraran a todos por cuenta del virus, yo ya estaba encerrada en mi casa, ya llevaba meses metida en la cama, ya hacía rato que no veía a nadie más que a mi pareja y a mis gatos. No era que no quisiera; no podía. El mundo exterior me resultaba demasiado violento y seguir siendo la escritora sonriente que les decía a otros cómo convertir dolores en superpoderes era ya insostenible.

La pandemia de alguna manera me salvó. Hizo de mi casa un resguardo psiquiátrico, detuvo un poco el tiempo y me dio el espacio para mirar de frente mi dolor y dedicarme a sanar. Y durante ese tiempo atravesé cosas, sobre todo muertes, en especial la muerte de mi identidad, o de mis identidades pasadas. Lo que yo era ya no soy. Lo que soy ahora es una persona que intenta entender el mundo desde su casa, en pijama. Muchos de los paradigmas que sostenían mi manera de habitar el mundo se fueron para siempre, incluido el de la productividad. Lo que me hace volver a las historias de Instagram, al hastío.

En el comentario se expresa un repudio profundo ante una persona que está en pijama todo el día, porque, de alguna manera, no siempre, se entiende que estar en pijama es igual a no hacer nada y no hacer nada es igual a desperdiciar una vida. Es botarla grotescamente y sin ningún reparo, como botan algunos restaurantes kilos enteros de comida intacta al final del día, vaciados en basureros metálicos sin ninguna muestra de remordimiento.

Bajo la lógica de la autogestión neoliberal, soy una fracasada. Me «rendí» a mi depresión y mi dolor. No estoy «luchando» como debería (o al menos no lo estoy haciendo en términos legibles para otros). La salud mental, en el sistema capitalista en el que vivimos, se entiende con una lógica reduccionista y binaria. Los que están bien vs. los que están mal. Los que luchan vs. los que se rinden. Los que ganan vs. los que pierden (insertar meme de Belinda diciendo «Ganando, como siempre»). El lenguaje que se usa para la salud mental es el lenguaje de la guerra: luchamos contra la ansiedad, batallamos contra la depresión, peleamos contra los síntomas, dominamos el ataque de pánico.

Los que luchan son los que están bien (o lo están haciendo bien) y los que están bien son productivos, izan en todos los aspectos de su vida las banderas de los valores capitalistas con orgullo. Se levantan temprano, se bañan (si hacen ejercicio tienen puntos extra, si están perfumados también, si usan maquillaje los puntos se triplican), trabajan mucho y le hacen honor a la *hustle culture*, o cultura del ajetreo, ostentan una vida creativa abundante en la que están constantemente ocupados y trabajan en múltiples proyectos a la vez, verbalizan su ambición laboral, están siempre en actitud de rebusque.

Se hace una asociación directa: cuanto más productiva sea una persona, mayor salud mental se asume de ella. Lo que refuerza tres imaginarios. El primero es que el trabajo es un indicador de bienestar, lo que es altamente debatible. Todos conocemos a personas que están todo menos bien de la cabeza y no paran de trabajar. El segundo es que el mejor lugar del cual un ser humano puede derivar un fuerte sentido del yo y una autoestima es el de la productividad. Y el tercero es que las emociones y la salud mental son secundarias. Lo primordial es CUÁNTO trabajes. No importa CUÁN bien trabajes; eso no le interesa a la gente y mucho menos al sistema. La eficiencia no tiene el mismo valor social ni moral que el sacrificio. Si se valorara lo primero por encima de lo segundo, el sistema capitalista fracasaría. La falta de entendimiento y de valor que se le da a la eficiencia en nuestra sociedad está directamente relacionada con la intencional ignorancia económica en la que vivimos. Esta ignorancia es una de las maneras de perpetuar el sistema, como también lo es la lectura errónea y, por cierto, contradictoria de que aquel que trabaja mucho y sacrifica más tiene mayor valor social. Digo que es de alguna forma contradictoria porque en nuestra sociedad una mujer que cumple tres turnos de trabajo doméstico al día para sostener a su familia no es glorificada por nadie, pero cuando Elon Musk dice que madruga para trabajar a las cuatro de la mañana, hacen clubes para imitarlo (aunque la verdadera fortuna de Musk no se haya levantado por la cantidad de horas que trabaja ni por el gasto físico e intelectual que necesita ese trabajo, sino por sus diferentes privilegios, incluida, sin duda, la herencia que recibió de su padre).

Todo esto para decir una cosa: NECESITAMOS sacar la salud mental de estas lógicas binarias y despojarla del lenguaje guerrerista que tenemos instalado para entenderla en su verdadera dimensión. Necesitamos construir un nuevo diccionario para lidiar con nuestras emociones que nos permita entender nuestra salud mental de una manera más rica y compleja y, por lo tanto, más honesta. Necesitamos entender que «estar bien» o «sanar» no siguen ninguna fórmula, no se ven de una manera específica. Y acá vuelvo a Instagram, esa red social en la que todos son felices y guapos, se preparan comidas deliciosas que bien podrían salir en revistas europeas, viven en apartamentos envidiables, están siempre de viaje, trabajan sin parar y son exitosos. Ah, y ¿dije que son guapos? En Instagram todo es bonito. Todo está curado. Pensado. Todo tiene el filtro de la luz de las tres de la tarde en Los Ángeles o en París. Y cuando digo todo, me incluyo a mí, a la persona que fui antes. Y me pregunto si a lo mejor fue eso lo que generó el hastío. Que yo decida salir en pijama, con el pelo enredado y la cara cubierta de crema para acné en la red en la que todo debe verse bien. Entre mis muchas muertes, incluyo: muerte a generar narrativas falsas del yo, muerte a vender una vida que no quiero, muerte a que todo se vea escenificado, muerte a la escritora que fui. Una escritora que invitó un montón de veces a que la gente convirtiera sus dolores en algo más. ¿Creo que es importante resignificar las experiencias dolorosas y encontrar maneras de sanar que nos permitan habitar esos sentimientos? Sí. ¿Creo que el dolor puede ser un maestro? Sí, a veces, no siempre. No todos los dolores tienen que enseñarnos cosas. ¿Pienso que hay que convertir el dolor en algo más, tipo «Toma tu corazón roto y conviértelo en arte»? Sí y no. El arte lo sana todo, de eso estoy convencida. Pero la enfermedad por convertir incluso nuestras peores experiencias en algo más es precisamente la lógica de la productividad aplicada a nuestra experiencia emocional. Y a eso digo: No. Hay dolores que son horribles, impronunciables, que no deberían existir, que no hay cómo entenderlos así uno se gaste una vida intentándolo y, por lo tanto, NO HAY QUE HACER NADA CON ELLOS. Nada.

Ya dedicarse a estar a solas con ese dolor es un acto bastante radical en la sociedad en la que vivimos. Lo digo porque eso fue lo que hice.

Quise salir en pijama porque no quería estar subiendo videos de mi trabajo, o de «las cosas grandes que se venían» o de lo nuevo que estaba escribiendo (*spoiler*: no estaba escribiendo nada). Quiero que quede claro que no luchar no significa rendirse, aunque hay momentos en los que me he rendido y no siento vergüenza de eso. Rendirse no es igual que perder; es una aceptación radical del proceso en el que uno se encuentra. No luchar significa abrir espacios para encontrar alternativas de bienestar y sanación NO binarias y NO bélicas. Significa explorar nuevas definiciones de «estar bien» y «estar mal» que aborden esferas emocionales definidas únicamente por la persona que está abriéndose a dicha exploración. Significa permitirse habitar un lugar en tensión, de incertidumbre, fluctuación y matices. Los conceptos de salud mental, productividad, trabajo, bienestar y éxito necesitan ser redefinidos (URGENTE) por fuera del sistema económico caníbal en el que vivimos. Necesitan ser reinventados con creatividad, compasión y empatía a la medida de cada una de nosotras[7].

Por ahora estoy bien, estoy feliz, trabajando en mí y en lo que me gusta, bajo mis definiciones, pasando todo el día en la casa en pijama. Bueno, ya no todo el día. A veces, cuando tengo ganas de protestar. Claro, poder hacer huelga en pijama es un privilegio enorme. Los sistemas de explotación a los que está sometida la mayoría de la humanidad no nos permiten descansar. Y no, la solución no es que me quiten

---

[7] Interesadas, leer: *Cómo no hacer nada: Resistirse a la economía de la atención*, de Jenny Odell.

a mí el privilegio de la pausa; no todo el mundo puede estar en pijama, pero todo el mundo sí debería poder hacerlo, el resto de la humanidad y yo.

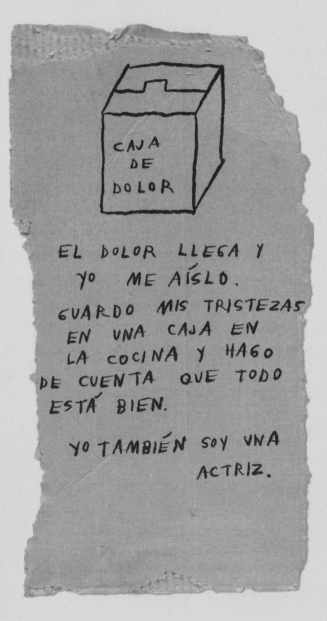

A VECES ES DIFÍCIL NO
ASUSTARME CUANDO LLEGAN
MIS EMOCIONES Y RECLAMAN
ESPACIO. ME DAN GANAS DE
ESCONDERME. DE HACERME
INVISIBLE. DE PONERME LA
MÁSCARA DE NO SENTIR.

INVENTARIO DE SABERES SOBRE LAS EMOCIONES

IV

Después de repasar la rueda de Plutchik, quisiera recordarles que NO SOMOS CAPACES DE ENTENDER NUESTRAS EMOCIONES POR FUERA DEL LENGUAJE. Podemos, sí, sentirlas en el cuerpo, pero es muy importante ampliar el diccionario de nuestros afectos. Esto NO significa que nuestras emociones no existan por fuera del lenguaje. Sí lo hacen. Por eso hay emociones que no tienen nombre, por más que queramos darles uno. O emociones que en nuestra lengua no existen, pero deberían existir, como *saudade*, que se refiere a la nostalgia resignada ante la tristeza de una ausencia; es algo difícil de definir, pero por suerte tenemos las canciones de Chico Buarque que rodean la emoción diciendo: «Oh, qué será qué será / que no tiene certeza ni nunca tendrá / lo que no tiene arreglo ni nunca tendrá / que no tiene tamaño».

También, porque existen emociones que sentimos por fuera del lenguaje, a veces sentimos que andamos con un dolor raro en el codo, una sensación extraña en la boca del estómago o mariposas en la panza. A veces, a veces, no siempre, hay ocasiones (como diría doña Lety)[8] en las que son manifestaciones de emociones sin nombre que rondan por ahí y aunque no podamos aterrizarlo, o explicarlo bien, somos perfectamente capaces de sentirlas.

Emociones como lo que uno siente cuando le gusta mucho alguien, pero todavía no se ha enterado de que le gusta mucho. Lo que sientes en el pecho cuando ves a la persona que amas reírse como niño de los chistes malos que le cuentas. Esa emoción de abrir la puerta de tu casa y ver la cara de tu mejor amiga, así te la sepas de memoria y le abras esa misma puerta un millón de veces al año. La manera en la que duelen los ojos cuando uno ve a su mamá llorar. La sensación maravillosa y horrible de lanzarse a hacer algo que nunca antes se había hecho. O cuando pides a domicilio después de no haber comido nada en todo el día porque viste a la persona que te gusta en una *story* con su ex, después de haber pisado la baldosa que escupe agua de Bogotá y llenarte el pie de un agua misteriosa a la que tu amiga le llama jugodebaldosa, solo para que te cancelen a las 9:00 de la noche.

---

[8] Mi editora quiere que les dibuje todas las referencias a memes porque dice que no todo el mundo conoce todos los memes. Yo y mi túnel carpiano les pedimos que googleen a doña Lety cuando dice: «A veces, a veces, no siempre, hay ocasiones».

Seguro usted experimenta un montón de sensaciones de ese tipo, cosas que el cuerpo siente para las que no tiene aún las palabras. Por eso dejé esta página para que me ayude a escribir este libro. Aquí puede escribir más emociones imposibles de conjurar y al mismo tiempo rotundas[9] :

---

[9] Y mándeme una foto al Instagram @amaliandrade_ con el *hashtag* #jugodebaldosa, muchas gracias.

SEGÚN YO, LAS EMOCIONES
PUEDEN ESTAR MAL
ASPECTADAS, COMO LOS
ASTROS. ¿HAY ENVIDIA MAL
ASPECTADA? OBVIO, PERO
ES NORMAL SENTIRLA. LA ENVIDIA
HABLA DE UN ANHELO.

A MÍ ME DAN ENVIDIA LAS FAMILIAS
QUE VIAJAN JUNTAS, PERO
ESO NO SIGNIFICA QUE
LES DESEE EL MAL.
LA FELICIDAD MAL ASPECTADA ES
POSITIVIDAD TÓXICA. LA TRISTEZA
MAL ASPECTADA ES LA ROMANTIZACIÓN
DEL DOLOR. Y ASÍ CON TODAS
LAS EMOCIONES. CREO.

PORQUE CON LO
QUE NOS QUEDA
DE NOSOTRAS

YA NO ALCANZA

(EMOCIÓN FANTASMA)

Quisimos viajar a Japón (tu sueño). Quisimos ir a caminar por las calles de Tel Aviv (el mío), comprarnos una tina milanesa y ponerla en una casa con techos muy altos y un jardín interior que llenaríamos de árboles de flor de naranjo, jazmines, romero. Quisimos ir a museos, correr juntas en las mañanas frías de los domingos, comprar flores frescas de regreso a casa un martes de marzo a las cuatro de la tarde. Quisimos todas las cosas grandes. Una unión frente al río que baja de la sierra, una casa de fines de semana en el lugar donde creciste, despojar el cuerpo de miedo, cantar juntas en las tardes, encartarnos con el tedio de los días que se repiten, conquistar el mundo, trabajar juntas, ver cómo se nos envejecen las manos.

Quisimos sobre todo lo más sencillo, lo que nunca tuvimos: durar más de tres semanas sin pelear, que la otra lograra ver los dolores que teníamos atascados en la lengua, aburrirnos de tanto vernos. Sobre todo quise eso: verte mucho, aprenderme de memoria tu cara. No pude.

CIENTO
TRECE
DÍAS

He contado los días desde la última vez que hablamos, ciento trece. Mi primer pensamiento al alba es un inventario de lo que no pude darte: tranquilidad, continuidad, sosiego. Yo lo intenté. Nadie ha intentado nunca nada con más entrega que como tú y yo intentamos sostener esto. Y no sirvió. Busco el nombre que conjure correctamente esto que siento, busco un lugar para poner todo lo que no puedo darte. Y pienso: yo solo quería «acobijarte y aplacar el viento negro que te arrasa». Yo solo quería lamerte las heridas y sanarlas. Yo solo quería que mi vida entera estuviera llena de tu energía. Yo solo quería cuidarte para siempre.

Y no pude. No pudimos. No nos alcanzó.

Y ahora estoy aquí. Dime qué hago con esto que siento.

INVENTARIO DE SABERES SOBRE LAS EMOCIONES

V

Como ya les dije, las emociones tienen un factor fisiológico importante. Vivimos en tiempos en los que el paradigma cartesiano todavía impera. ¿Qué quiere decir esto? Que seguimos pensando que «pensamos y luego existimos», y de ahí que le demos una importancia demasiado enorme a nuestro cerebro, como si existiera desconectado de nuestro cuerpo. Somos un sistema; nuestra cabeza no está separada del resto de nosotros. Yo sé, suena obvio cuando lo digo, pero es importante recordarlo. Nuestros cuerpos no solo piensan, sino que sienten y más importante aún: RECUERDAN. Recuerdan nuestras felicidades y dolores más profundos, que existen más allá de nuestra memoria, que están guardados en los músculos y las células y, más evidentemente, en la forma en la que caminamos y comemos, o en nuestra postura[10].

---

[10] En este punto les recomiendo mucho *The Body Keeps the Score* de Bessel van der Kolk, así yo no lo haya terminado todavía. Mi editora manda a decir que también lo empezó y nunca lo terminó. ¿Alguien ha terminado ese libro? Es muy difícil de terminar.

Por eso es importante incorporar en nuestro día a día prácticas que trasciendan el lenguaje, para aprender a procesar esas emociones o experiencias que se manifiestan en el cuerpo y para las que no tenemos palabras. Esas prácticas pueden ser: meditar, correr, montar en bicicleta, bailar, moverse, caminar descalzo, pasar tiempo en la naturaleza, hacer bailes de Tiktoks[11], tomar clases de danza, teatro o dibujar. Todas esas cosas que nos pueden ayudar a conectar la mente con el cuerpo.

¡Hablando de meditar! Quiero aprovechar para recomendar el último álbum de Alanis Morissette, de canciones para acompañar meditaciones. Y hablando de Alanis Morissette, alguien por favor dele un título honorario de MAESTRA ILU-MINADA y un posdoctorado honoris causa en psicología transpersonal. Sus canciones navegan emociones como la ira, el dolor, el agradecimiento o el amor de manera magistral y son una gran herramienta para transitar estados anímicos y acumular inteligencia emocional. Claro que sí.

---

[11] Si usted hace un video de TiktTok para aprender a procesar las emociones, mándemelo @amaliaandrade_ con el *hashtag* #jugodebaldosa.

Canciones de Alanis Morrissete que son fundamentales para su nueva reeducación sentimental

Pocas cosas son tan influyentes en nuestra educación sentimental como la música. Está en todas partes, acompaña nuestras alegrías y nuestras penas. Como bien nos han enseñado nuestros corazones rotos, la música es vital para aprender a transitar estados emocionales. (No sé ustedes, pero yo, por ejemplo, JAMÁS habría entendido, atravesado y superado mis rupturas emocionales si no hubiera sido por canciones como *Como un G* de Rosalía, *Vuelve* de Elsa y Elmar o *Toda la vida* de Juliana).

A continuación, una pequeña y breve *playlist* de canciones de Alanis Morissette, quien creo genuinamente que está iluminada, y si no, entonces nació con las competencias emocionales de Jesucristo y Buda mezcladas. Tome un tiempo para escuchar cada canción, escudriñar la letra, agregarla a sus diferentes *playlists* del día a día y cante estas canciones mientras siente las emociones correspondientes, cuando sea, donde sea, porque sí. Yo juro y prometo que cada canción es tan potente que todas juntas interiorizadas le ayudarán a tener una nueva y necesaria reeducación sentimental.

CANCIONES DE
ALANIS MORISSETTE PARA
SU NUEVA REEDUCACIÓN
SENTIMENTAL

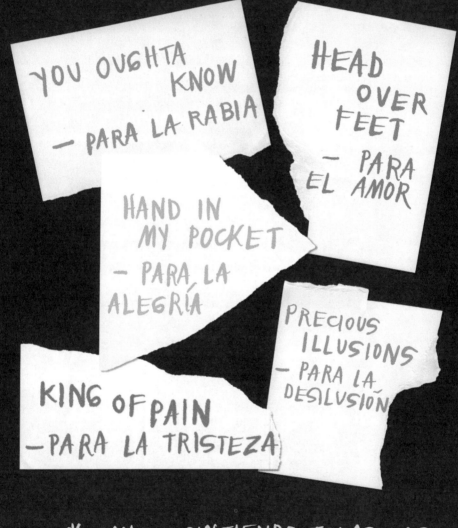

YOU OUGHTA
        KNOW
— PARA LA RABIA

HEAD
  OVER
    FEET
      — PARA
EL AMOR

HAND IN
  MY POCKET
    — PARA LA
ALEGRÍA

PRECIOUS
ILLUSIONS
— PARA LA
DESILUSIÓN

KING OF PAIN
— PARA LA TRISTEZA

* CANTE SINTIENDO TODAS LAS
EMOCIONES CORRESPONDIENTES.

ALGUIEN DE AQUÍ

VERSIÓN COMPETENCIAS EMOCIONALES

Júntese con sus amigues. Lea las siguientes afirmaciones. Si una o más personas se identifican con dos o más frases, sigan leyendo este libro. LO NECESITAN.

ALGUIEN DE AQUÍ NO SABE CÓMO TERMINARLE A SUS NOVIES.

ALGUIEN DE AQUÍ SE ASUSTA CUANDO SE SIENTE VULNERABLE.

ALGUIEN DE AQUÍ LLORA CUANDO TIENE MUCHA RABIA.

ALGUIEN DE AQUÍ NO ES CAPAZ DE PEDIR AYUDA, NI DECIR QUE ESTÁ TRISTE.

ALGUIEN DE AQUÍ SE CREE ELSA DE FROZEN.

ALGUIEN DE AQUÍ LE TIENE MIEDO A ENAMORARSE.

ALGUIEN DE AQUÍ CREE QUE HAY
EMOCIONES BUENAS Y MALAS.

ALGUIEN DE AQUÍ SIENTE RABIA
CUANDO LE DAN GANAS DE LLORAR.

ALGUIEN DE AQUÍ NO LE GUSTA QUE LO
VEAN ESTANDO MAL Y/O SINTIÉNDOSE
VULNERABLE.

ALGUIEN DE AQUÍ HACE CHISTES SOBRE
TODOS SUS DOLORES/TRAUMAS.

ALGUIEN DE AQUÍ ESTÁ ESCAPADO DE
TERAPIA.

ALGUIEN DE AQUÍ DICE: "NO, YO ESTOY BIEN,
SE LOS JURO", CUANDO EVIDENTEMENTE
NO ESTÁ BIEN.

ALGUIEN DE AQUÍ PREFIERE ESCONDER
SUS DOLORES DETRÁS DEL ALCOHOL/
SUSTANCIAS EN VEZ DE PROCESARLOS.

ALGUIEN DE AQUÍ NO SABE DECIR QUE NO.

ALGUIEN DE AQUÍ SIENTE DEMASIADA
CULPA CUANDO PONE LÍMITES A LOS DEMÁS.

ALGUIEN DE AQUÍ PREFIERE TRAGARSE
SUS SENTIMIENTOS CON TAL DE NO
TENER CONVERSACIONES INCÓMODAS
PORQUE LE TEME A LA CONFRONTACIÓN.

Ahora que eres consciente de que esto ocurre en tu grupo de amigues, es hora de crear una red de apoyo. Lo primero es ser conscientes, pero también es posible ayudar a que les amigues (y tú mismo) puedan desarrollar competencias emocionales.

~ VALE ~
como una oportunidad para
permitirse enamorarse.

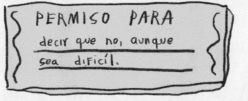

PERMISO PARA
decir que no, aunque
sea difícil.

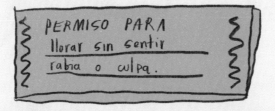

PERMISO PARA
llorar sin sentir
rabia o culpa.

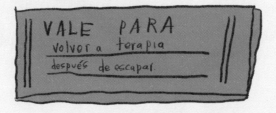

VALE PARA
volver a terapia
después de escapar.

NO

TE

OLVIDES

DEL MAR

(ALEGRÍA)

¿Quién quiere escribir sobre la alegría en lugar de bailar? Yo no. Nunca he sido buena conjurando la alegría en palabras. Tal vez porque la naturaleza de la escritura es esquiva; la persona que se sienta a escribir sobre algo no es la misma que escribe. Dice Annie Ernaux que escribir no es lo que sucede, sino lo que hacemos con lo que sucede[12].

Hay otras mujeres, otras voces, otras que también soy yo, que toman el lápiz y dirigen el texto y eso es tan frustrante como maravilloso. Las dejo ser. No siempre me gusta lo que escriben. *Casi nunca* me gusta lo que escriben. Pero quieren gritar y yo las dejo. O quieren acariciar, llorar, quejarse. Las dejo. Permito todo. Que hagan lo que quieran. Que retocen y se explayen y se miren una y otra vez el ombligo mientras se cuentan sus historias frustrantes e infecundas.

---

[12] Repito: ¿Quién quiere escribir sobre la alegría en lugar de bailar?

Mientras tanto yo bailo, bailo salsa y pienso en ti y grito sola en la casa: «Sin mirarte yo te miro / sin sentirte yo te siento / sin hablarte yo te hablo / sin quererte yo te quiero».

Cuánto dolor me ha traído el amor, pero cuánta alegría. Alegría que no conjuro porque prefiero sentirla en canciones que te dedico aunque nunca te lleguen. Alegría aun cuando pienso que ya no estás. Así sienta que el amor es algo escurridizo, que a nadie abriga, que todo el tiempo se está despidiendo.

No quiero escribir sobre lo que siento cuando mi gato se pone a alegarle al viento cosas y me hace morir de la risa. No quiero escribir sobre lo que siento cuando veo a mis amigos ganar, en lo que sea, en el trabajo, en la vida, en el amor. No quiero contar acá los gestos sencillos de los extraños que hacen que me duela la cara de tanto sonreír. No quiero escribir sobre el inexplicable placer y la profunda ternura que siento cuando mi mamá pronuncia mal palabras en inglés que mi hermano y yo intentamos enseñarle. Tampoco quiero escribir sobre lo que siento cuando te veo atacada de risa, cuando mueves las manos bailando, cuando corres.

Yo no quiero escribir acá nada de la alegría, yo solo quiero comérmela, bocado a bocado, cuando llegue. Intentar atraparla en un abrazo aunque nunca haya podido, conservarla un rato en la punta de los dedos.

"QUÉ COSAS
BONITAS QUE CON
LOS OJOS NO VEMOS,
Y QUE POR DENTRO
LLEVAMOS, PERO
NO LO SABEMOS"

— GRUPO NICHE.

ALEGRÍA ES ANDAR CON EL CORAZÓN EN LA
MANO. ASÍ DIGAN QUE ES CURSI. ASÍ DÉ MIEDO.

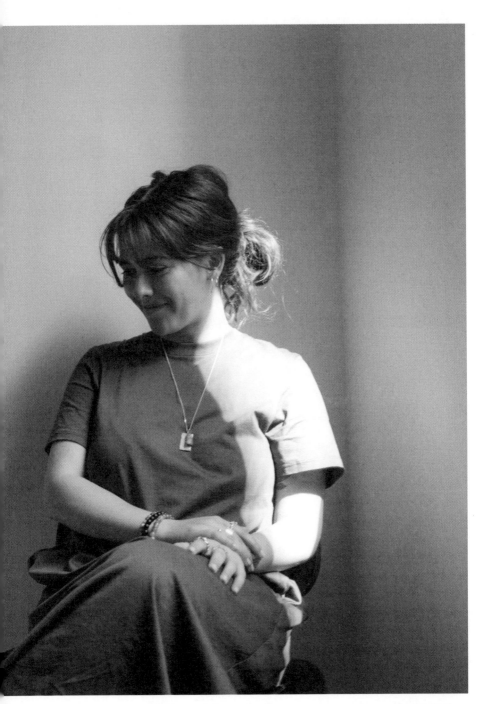

VER LAS MANOS DE ALEJANDRA.
VERLA SONREÍR.

PENSAR EN EL CARIÑO
Y LOS SECRETOS,
Y PEQUEÑOS GESTOS
QUE CULTIVAN LOS
EXTRAÑOS.

VOLVER A MIRAR EL
MUNDO CON FASCINACIÓN.

ALEGRÍA ES SABER QUE LE CUMPLÍ
TODAS LAS PROMESAS QUE LE HICE
A LA NIÑA DE 7 AÑOS QUE ALGUNA
VEZ FUI.

LA GENEROSIDAD DE LOS EXTRAÑOS

VIAJAR. SIEMPRE.

AMIGOS QUE SON FAMILIA.
OTRAS CASAS QUE SON MI
CASA.

ESCRIBIR POR FUERA DEL
MARGEN Y/O EL PAPEL.

TENERTE EN MI VIDA.
A PESAR DE TODO.
CUIDARNOS PARA SIEMPRE.

INVENTARIO DE SABERES SOBRE LAS EMOCIONES VI

Al comienzo de este libro mencioné que hay muchas razones por las cuales somos analfabetas emocionales. Prepárense y saquen sus resaltadores porque pretendo explicar cómo, detrás de la máscara del monstruo de cada capítulo de *Scooby-Doo*, siempre estuvo el capitalismo. Es relativamente fácil entender las maneras en las que el capitalismo genera violencias y opresiones en otros espacios o temas, pero poco pensamos en cómo este influye de manera radical en nuestros panoramas emocionales.

En el capitalismo TODO se centra en el consumo, y en cómo la promesa del consumo genera felicidad. Detrás de esta lógica se esconden las bases de la tiranía del bienestar en la que vivimos, que está íntimamente ligada con la supremacía de la productividad como el valor imperante de nuestros tiempos. La gente feliz es más productiva y la gente que más produce es la que sostiene el capitalismo[13].

---

[13] Para entender lo anterior, recomiendo leer *Happycracia* de Edgar Cabana y Eva Illouz.

Lo que se nos vende es la ilusión de que quien tiene más poder adquisitivo tiene mayor poder de consumo y, por ende, un acceso inmediato a la felicidad sostenida. Esto genera dos problemas: el primero es que se entiende que el dinero equivale a la felicidad. Y el segundo es que la «felicidad» se convierte en sí misma en un bien que se puede comprar, pero no es felicidad real, son estímulos constantes que desembocan en la desazón.

Esta supremacía de la felicidad genera una jerarquía emocional que nos tira a un desbalance sentimental. Todos los días nos bombardean de maneras implícitas o bastante explícitas con la idea de sentirnos alegres, felices, contentos. Y si no me creen, ¿qué tan vacíos se sienten después de pasar mucho tiempo viendo Instagram? VEN. SE LOS DIJE. Te odio, Instagram, por hacerme sentir vacía. Excepto cuando me salen videos de perritos o gatitos que están siendo increíbles. Los videos de perritos y gatitos contienen todas las emociones del mundo y deberían ser nombrados como bien inmaterial de la humanidad.

Esta jerarquía nos hace pensar, de inmediato, que unas emociones son mejores que otras, cuando esto es absolutamente falso.

LA FELICIDAD NO ES MEJOR O PEOR QUE LA TRISTEZA Y NUESTRA VIDA NO PUEDE BASARSE EN PERSEGUIR SER FELICES COMO SI FUÉRAMOS HÁMSTERS EN UNA RUEDA. LA FELICIDAD ESTÁ EN LA PEQUEÑEZ Y EN LA CONSTANCIA. EN MOMENTOS BREVES, EN GESTOS, EN TODAS LAS COSAS SIMPLES Y MARAVILLOSAS DE LA VIDA.[14]

El sistema capitalista NECESITA y se alimenta de la tiranía del bienestar porque la gente feliz es más productiva y la gente más productiva aporta más fuerza al sistema. El sistema oculta, oprime y castiga sistemáticamente cualquier emoción que se categorice como negativa, no por su naturaleza intrínseca, sino porque resulta inútil en la producción de capital. Por eso (y otro montón de cosas) vemos con tan malos ojos la tristeza, la depresión, la ansiedad, la rabia y el dolor. Sobre todo el dolor.

El sistema también castiga duramente la rabia, porque la rabia en la historia ha devenido en rebelión; y la rebelión, en cambios. Entonces,

---

[14] Esto grítelo en caleño.

TODO EL DOLOR DEL MUNDO
ESTÁ EN LOS PIES DE MI MAMÁ.

cuando sientan ira, respiren y busquen qué hay detrás de ella. Le tememos a la rabia, pero la rabia es y ha sido la emoción que ha movilizado los cambios más significativos de la historia. En la rabia también hay dignidad.

Donde no hay dignidad es en este sistema, en el que se ejerce un control maligno sobre las emociones consideradas «no deseables». Ese control tiene dos vías: una supervisión externa (la sociedad) y otra interna (la interiorización del «deber ser» en el plano sentimental[15]). Por eso hay tanto énfasis y estigma alrededor de la «mala gestión de las emociones»[16]. Las emociones no son una cosa que haya que GESTIONAR, Gustavo. Las emociones tenemos que sentirlas, entenderlas; nos dan información útil, nos permiten crecer, nos indican a dónde mirar para SANAR. ¿Existe la noción de *manejo* emocional? Por supuesto. ¿Nací yo con el manejo emocional de un maní? También. Pero las emociones no son una cosa que se deba controlar hasta tal punto que dejemos de sentirlas. De hecho, reprimir las emociones es mundialmente conocido como la causa de un montón de enfermedades físicas y mentales. El mejor *manejo* emocional (que igual no existe

---

[15] Ver la teoría del panóptico de Foucault en *Vigilar y castigar*.

[16] El solo hecho de que se use un lenguaje de administración de empresas cuando hablamos de emociones es algo que da para otro libro entero (mentiras, Planeta) y que me genera náuseas. NÁUSEAS, LES DIGO.

así, como un concepto universal, pues todos tenemos universos emocionales diferentes) es este:

Sentir las emociones como si nuestro cuerpo fuera una puerta giratoria. Hay que dejarlas entrar y dejarlas ir, como si fueran el aire que respiramos y no la sangre que nos constituye. A veces unas se quedan seis minutos; otras, dos semanas; y otras, un mes. Lo importante es entender que ninguna emoción es para siempre ni es LA EMOCIÓN final. Ninguna de nuestras versiones es lo que somos; eso es lo más bonito de la vida.

Otra forma de manejar las emociones es dejando de temerlas. Si aprendemos a sentirlas, a navegarlas, a adueñarnos de nuestros estados emocionales, entonces tal vez podamos comunicarlos de manera responsable, para nosotros mismos y con los otros. Esto incluye: ser capaz de decir no, poner límites y decirle a otro cuando algo nos hace sentir mal. Y al mismo tiempo entender que nuestras emociones nos pertenecen y que no es el trabajo de nadie quitárnoslas, ni gestionarlas, ni apagarlas como si se tratara de un incendio.

La promesa de la felicidad como un bien ha generado el nacimiento y la proliferación de un mercado del bienestar, que es hoy uno de los mercados más grandes del mundo. Nada más miren a Gwyneth Paltrow. O el mercado de las dietas y el *bypass* espiritual. ¿Podemos aprender cosas para vivir mejor de todo lo que nos venden día y noche relacionado con el bienestar? Sí. Pero necesitamos entender que el bienestar no se compra, ni es el fin último de la vida. Necesitamos, sobre todo, ampliar el significado de bienestar. Por eso insisto en que está bien estar mal. En que podemos encontrar bienestar y confort aun en los momentos más difíciles, porque la vida está llena de emociones y sentimientos incómodos, y estamos muy poco preparados para aceptar e integrar esto.

Las lógicas del capitalismo se han aplicado a nuestras vidas emocionales y eso ha resultado en un desastre de proporciones apocalípticas de las cuales se habla poco. Por esto la gente se siente culpable cuando está triste, porque la tristeza reclama tiempo de calma y nos parece que no estamos siendo productivos. Por esto también no tenemos ni idea de qué decirle a la gente cuando está mal y, en vez de ser escuchas empáticos, tratamos de RESOLVER los estados emocionales de los demás. De nuevo[17]:

LAS EMOCIONES Y SENTIMIENTOS NO SE RESUELVEN, SE TRANSITAN.

---

[17] Esto también grítelo en caleño.

Cuando alguien nos está contando sus dolores, tristezas o miedos no tenemos que resolver nada y tampoco asustarnos. Solo debemos escuchar de verdad, validar sus sentimientos, ofrecer tal vez un *insight* de lo que haríamos, sentiríamos o pensaríamos si estuviéramos en su posición. Somos unos INÚTILES cuando vemos a alguien llorar en público, y vivimos tan en piloto automático que lo primero que suele salir de nuestra boca es la frase: «NO LLORES».

¿ENTIENDEN LO PENDEJOS QUE SOMOS? ¿Ver a alguien llorar y decirle «NO LLORES»? ¿Nos dejaron caer a todos de la cuna cuando niños? ¿Qué somos? ¿Una gente con el cerebro tan lavado que da consejos antinaturales cuando ve algo absolutamente natural?

LLOREN.
LLOREMOS.
LLOREMOS EN PÚBLICO, POR FAVOR.
EL DOLOR NO PUEDE SER ALGO
QUE EXISTA SOLO EN LO PRIVADO.
MANIFESTAR EL DOLOR EN PÚBLICO
ES REBELIÓN.
RECLAMAR EL ESPACIO
DEL QUE NOS HAN ECHADO
COMO NUESTRO NUEVO
TERRENO EMOCIONAL
ES NUESTRA LUCHA.

YO QUIERO SENTIRLO TODO SIN TANTO MIEDO

Por favor, en este instante escuche a todo volumen *Mientras me curo del cora* de Karol G. Si no le gusta, entonces escuche a todo volumen cualquier canción que lo invite a vivir una vida más auténtica, que le dé una licencia para llevar un ritmo que responda a sus necesidades físicas, más alineado con lo animal, más lento. La verdad es que una vez que hacemos espacio para cada emoción, sin pensar que unas son mejores que otras, la vida empieza a ser más tranquila. No es necesaria tanta sufridera reprimida; hay un lugar para cada cosa. Aprender de emociones nos puede ayudar a que la vida sea más llevadera. Más ligera. Más bonita.

BREVE TRATADO SOBRE LA RESPONSABILIDAD EMOCIONAL

RESPONSABILIDAD EMOCIONAL Y/O AFECTIVA es reconocer que nuestras acciones y palabras tienen efectos y consecuencias, que generan emociones en aquellos con quienes nos relacionamos.

Dejo esta breve definición aquí en caso de que no les haya aparecido en 800 videos de TikTok, 1 200 posts de Instagram y otro montón de tuits. ¿Qué a ustedes no les sale nada de esto en TikTok? ¿Solamente ven perritos tiernos, gente cayéndose, productos de maquillaje que no venden en nuestro país, casas de famosos y personas bailando? ¿Quiénes son ustedes? ¿Los favoritos de Dios? Hubo una época en la que yo también estuve en el lado correcto de TikTok, pero después me puse a hacer mucha terapia y mi celular me espió y ahora se me arruinó el algoritmo. O sea, está bien lindo conocer el lado de la terapia en internet, pero se pone bien cansada la cosa. Hacer terapia es un trabajo duro; yo quiero usar el celular para que me dé un break de todo eso. Pero, en fin, volvamos a la responsabilidad emocional. Acá un par de tips que pueden ser útiles:

COMUNICA TUS NECESIDADES

Nadie lee las mentes, aunque sería increíble que así fuera (y sí, un saludo especial a las personas que tienen algún planeta importante en Piscis, esto es para ustedes, los quiero mucho). A veces creemos que los otros entienden o saben por inercia qué queremos o necesitamos, o esperamos a que se anticipen a nuestras necesidades emocionales y, cuando esto no sucede, los hacemos sentir culpables. La responsabilidad afectiva consiste en ser claro y asertivo con lo que esperamos y necesitamos.

SI VAS A HACER AFIRMACIONES, PON UN « YO » ADELANTE

En vez de decir «TÚ me haces sentir mal cuando llegas tarde» (cosa que pone todo el peso y la responsabilidad en el otro), podemos decir «YO me siento triste cuando llegas tarde». ¿Vieron la brujería? Es más fácil comunicarse así, más justo y sensato. Aplican términos y condiciones: Dios sabe que en el mundo ya andan onvrez usando la responsabilidad afectiva para hacer *gaslighting*. Entonces, si un pendejo, o pendeja, o pendeje les dice que no es que ELLES les hayan lastimado al ponerles los cachos con su mejor amiga de la infancia, sino que USTEDES se sienten mal por esto y eso no es su responsabilidad, pues mándenlos a la chingada.

ESCUCHA CON EMPATÍA Y ATRÉVETE A CUESTIONAR TUS ACCIONES

Muchas veces lastimamos a otras personas sin quererlo; igual, podemos crear espacios donde la otra persona pueda expresar sus emociones y sepamos validarlas. También es importante ser capaces de asumir los errores, entender cuándo los cometemos, preguntarnos desde dónde actuamos (sin juicio, la idea es entender, no cul-parnos ni castigar nuestros actos) y ofrecer disculpas y reparación.

HAZTE RESPONSABLE DE TUS ACCIONES

Qué fácil es excusarnos por nuestros errores en vez de responsabilizarnos de ellos. Una cosa es intentar salirse por la tangente y otra es decir: «Oye, la embarré, me desaparecí, eso estuvo mal. Me dan miedo las relaciones, ese miedo se apoderó de mí y no supe navegarlo. Estoy aprendiendo a ser mejor, discúlpame». O: «Lo siento, tuve mucha ansiedad y cuando me siento así necesito desconectarme de todo. Estoy intentando cuidar de mí y de mis vínculos al mismo tiempo. Te quiero».

Sea como sea, hagan lo segundo, no lo primero.

NUNCA PENSÉ

QUE DOLIERA

EL AMOR ASÍ

(SORPRESA)

Hay una mujer que lleva en su cuerpo una cicatriz con mi nombre.

La primera vez que supe de ella fue un domingo a la hora del almuerzo. Yo tenía cuatro años o tal vez cinco, no lo recuerdo bien. Sin embargo, hay cosas de ese día que puedo evocar con precisión milimétrica; la disposición de mi familia en la mesa, por ejemplo. En la cabeza estaba mi tía, la hermana mayor de mi mamá, a quien siempre le dije de cariño Mamma. Yo estaba sentada a su lado derecho y a su lado izquierdo estaba mi mamá. Éramos como la Santísima Trinidad, o casi. La Mamma era como Dios y mi mamá y yo orbitábamos alrededor de ella con devoción implacable. Los otros dos puestos estaban ocupados por mis primas María y Liliana, hijas de mi tía. Ellas eran como Caín y Abel: vivían gritándose cosas de un lado al otro de la casa, y cuando no se gritaban me mandaban a mí a decirle mensajes a la otra. Yo iba y venía de un cuarto a otro, memorizando palabras de odio y amenazas que luego declamaba a medias ante la respectiva destinataria.

Después hacía lo mismo con la respuesta y así me gastaba una buena parte del día hasta que La Mamma las paraba, agarraba un libro de su biblioteca, me lo pasaba y nos sentábamos juntas a leer en la sala.

El menú del almuerzo de ese día fue molde de carne con zanahorias y arvejas, arroz blanco y ensalada de lechugas con tomate y aguacate. Me acuerdo porque era uno de mis almuerzos favoritos de esa casa. Ese y cuando preparaban sancocho de gallina en unas ollas carísimas y transparentes que tenía La Mamma, de las que se asomaban las patas del animal, cociéndose a fuego medio. De ese día también recuerdo el color del cielo, la sensación de la luz del sol sobre mi mano derecha, la ausencia absoluta de brisa en el sur de Cali.

Cuando la gente recuerda días en los que sucedieron cosas importantes en su vida, suele comenzar con frases del tipo: «Era un día como cualquier otro» o «Sucedió en una tarde normal» o «Ese sábado de septiembre todo transcurría como de costumbre» y después, *boom*, la tragedia. *Boom*, el día que empezaron sus desgracias. *Boom*, se asomó el dolor como una tormenta tropical dispuesta a destruirlo todo para siempre. Para siempre el dolor, para siempre la desolación, para siempre la desgracia, para siempre la duda, para siempre.

No es mi caso. Ese domingo no era una réplica del domingo anterior, que repitiera el domingo anterior, que repitiera los de antes. Ese domingo me sentía feliz. Tenía todo lo que más quería conmigo. Lo podía tocar, sostener en las manos. Podía acariciar a mi tía, agarrarle las piernas a mi madre o esconderme detrás de su pantalón cuando algún adulto hacía preguntas que yo no quería responder. Podía tocar la tierra de la ciudad en la que nací y sentir que era mía y que yo era suya y que mi cuerpo pertenecería siempre a aquel lugar. Ese domingo había pasado la mañana jugando con mi primo en la piscina a ser la sirenita, a ser una detective subacuática y a ser la dueña del mar.

Cuando me senté a la mesa del comedor, que estaba al aire libre y que era donde celebrábamos mis cumpleaños, llevaba puesto un vestido de baño azul de una sola pieza y estaba envuelta en una toalla *beige* grande cuyo olor era mi obsesión: una mezcla de suavizante con ropa secada al calor del sol de las mañanas y madera vieja del clóset en el que guardaban las toallas en la casa de La Mamma. Como era habitual, sentadas en la mesa, hablamos sobre mi semana. Yo presenté un resumen ejecutivo:

LUNES: Sobrevivir a los actos terroristas de la niña que siempre vomita en el bus del colegio los lunes.

MARTES: Jugar a la hora del almuerzo a que el bus desolado del colegio era el perro volador de *La historia sin fin*.

MIÉRCOLES: Dibujar.

JUEVES: Leer *Franz se enamora,* de las Historias de Franz.

VIERNES: Intentar grabar canciones de Shakira en la radio con mi prima. (No lo logramos, el locutor decidía hablar treinta segundos antes de que la canción terminara).

SÁBADO: Ver una película. Estar en pijama. Jugar con mi primo.

Después de presentar el reporte, La Mamma preguntó: «¿De qué se trataba la película que viste?».

Y yo respondí: «De una niña que estaba muy enferma y le salía muchísima sangre de la boca. Ella estaba con su papá, pero él en realidad no era su papá porque la niña era adoptada. Pobre niña».

Y La Mamma: «No hay nada de malo en ser adoptada. Tú eres adoptada».

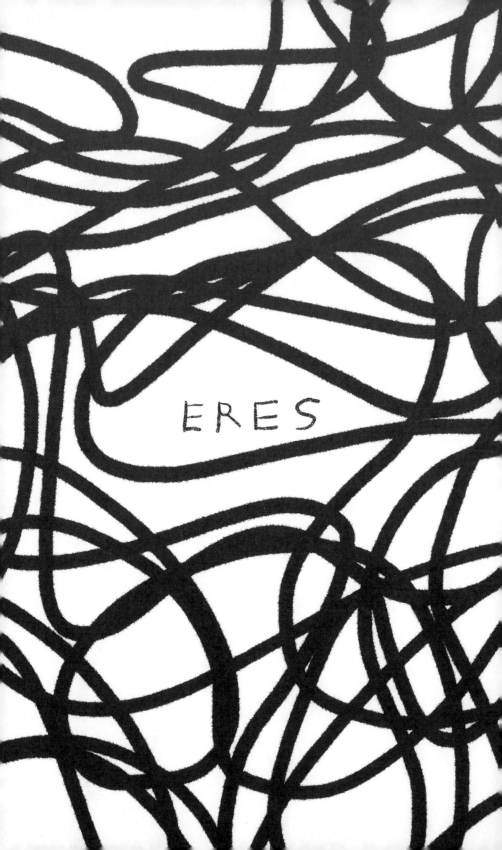

ADOPTADA

Todo se detuvo. Quedé aturdida. Sentí como si me hubieran leído un veredicto que me encontraba culpable de un crimen que no comprendía y que definitivamente no había cometido. Como si me hubieran entregado una cruz. Una baba negra apareció de la nada, nació de mis entrañas, comenzó a recorrerme por dentro. Una baba espesa y fría. Y sentí un vacío en el estómago que no se iba y no se iba (y no se ha ido). Y la sensación de que algo pesado e intangible caía sobre mí, como nubes opacas que me arrancaban de las manos y la piel todo lo que yo sabía mío. Me arrancaban la verdad, desdibujaban el mundo. Y un silencio sordo y un destierro absoluto me tragaron y no recuerdo mucho más porque después de que La Mamma dijo esas palabras todo quedó untado de confusión, embadurnado de la baba espesa.

Recuerdo: yo sentada en el muro de ladrillos que daba al parqueadero. El cuerpo de mi prima María, que se balanceaba hacia mí y me decía que me amaba. La Mamma, en su camisa blanca de lino, diciendo que esto no cambiaba nada. Busco la cara de mi mamá en mis recuerdos, pero no la encuentro. Veo brazos que me escarban y manos que me aprietan y cuerpos que me rodean, y se mueven y se miran entre ellos y después me miran a mí y después se miran entre ellos de nuevo. Alguna de las voces —ya no distingo rostros—, La Mamma, mi mamá, mi prima María, mi prima Liliana, me dicen que esto no me hace menos hija de nadie, menos familia, que he nacido del amor que ellas me tienen, pero del cuerpo de otra mujer, que esa mujer no es mala, que hizo lo que hizo como un acto de amor porque quería lo mejor para mí y no estaba en la posición de dármelo.

Yo me quedo callada mientras ellas siguen enunciando palabras que se vuelven burbujas. Me dicen que si tengo preguntas. Yo digo que no. Y no es mentira, no tengo nada que preguntar porque siento que las palabras me han abandonado por completo. Solo se repiten dentro de mí ideas y pensamientos que flotan como nubes en un aire que sabe a dolor y a destierro. Una de las nubes dice: «Tu mamá no es tu mamá». La otra: «Hay una mujer que es tu mamá y esa mujer te abandonó». Otra: «Algo tiene que estar muy mal contigo para que te abandonaran. ¿Qué hiciste?». Otra: «¿Por qué?». Y la última: «Haz toda la fuerza del mundo y trágate esas enormes ganas de llorar. No llores. Pase lo que pase no llores, porque si lloras tu mamá (que no es tu mamá) y La Mamma (que no es tu tía) van a creer que tú piensas que ellas no son tu mamá y tu tía, y no quieres jamás causarles dolor, ni hacerlas sentir que no son lo que son (ya no sabes qué es real y qué no lo es). Tienes que cuidarlas y protegerlas del dolor que tu propio dolor pueda generarles».

Así que me tragué el dolor. Me lo tragué literalmente, haciendo fuerza en las manos y pasando saliva.

INVENTARIO DE SABERES SOBRE LAS EMOCIONES VII

Y si pensaron que eso era todo, agárrense, tomen asiento y respiren porque el capitalismo es a su vez indivisible del patriarcado. Fuerte, ¿no? Es que, mijos, son casi la misma cosa. ¡Abran los ojos!

Para hacerlo sencillo, la cosa va de la siguiente manera: A lo largo de nuestra historia nos ha regido un paradigma binario que es profundamente machista. Va así: las emociones son femeninas y el intelecto es masculino[18]. Por eso Gabriela Spanic y las telenovelas (más conocidas como las responsables de la educación sentimental de casi toda Latinoamérica) son consideradas como un arte menor, cualquier cosa, consumo basura, a pesar de que son un espacio en el que se replican maneras socioculturales de habitar (o de no habitar en lo absoluto) las emociones y de entender el mundo y

---

[18] Qué curioso que además las emociones sean muchas y el intelecto sea uno. Tal vez porque el patriarcado está ligado al individualismo, y no nos permite crear comunidades, tejido social, colectividad.

las relaciones. Mientras que los científicos, por ejemplo, son considerados genios a quienes hay que celebrar, cuidar y mantener alejados de esas «tonterías» emocionales, para que hagan el trabajo importante, como salvarnos del ébola o cosas así. No estoy diciendo que salvarnos del ébola no sea importante. Lo que quiero decir es que es IGUAL de importante entender, nombrar y habitar nuestras emociones porque los seres humanos la estamos pasando muy mal y no es necesario.

Por eso es imposible hablar responsablemente de emociones sin pensarlo desde un lugar interseccional. Por eso, y porque ya vimos que las emociones, el capitalismo y el género son factores de una sola red, es fundamental que hablemos de emociones y feminismo. Claro que sí.

Los estudios de las emociones en los últimos años han sido cruciales para entender su papel en la configuración de las experiencias de vida de las mujeres y cómo estas han influido significativamente en la desigualdad de género. Las emociones no son solo algo que experimentamos de manera individual, sino que se construyen de manera social y están atravesadas por normas culturales y dinámicas de poder[19].

---

[19] Un saludo especial a Sarah Ahmed antes de seguir. Querida Sarah: donde sea que estés, te amo.

Las emociones se han utilizado históricamente para oprimirnos y para justificar desigualdades de género. Basta con darle una mirada a la historia de la palabra *histeria* para entender un poco de lo que hablo. O a cosas tan sencillas como que las mujeres siempre hemos sido tildadas de «emocionales», como si esto fuera algo malo, y los hombres de «racionales», como si eso los pusiera en un lugar de superioridad intelectual y moral. A la emocionalidad femenina se le han adjudicado históricamente connotaciones negativas que perpetúan la opresión de la mujer porque hacen que sea más fácil invalidar cualquiera de sus pensamientos, posturas, comentarios o actitudes.

Que cuando se pronuncia la frase «Amalia es muy emocional», se entienda por esto algo negativo, es una de las formas más violentas de opresión que vivimos. Y es aún peor que lo mismo se use como un insulto para hablar de los hombres: «Es que el jefe parece mujer porque es demasiado emocional». Claro, porque las emociones al ser destinadas al plano de lo femenino se convierten en algo horrible, menor, despreciable. Algo que denota desfachatez y al mismo tiempo inferioridad.

MIRA, Ramiro, vengo a decirte que acá TODOS SOMOS SERES EMOCIONALES y que las emociones no tienen género, ni raza, ni clase. Aunque OBVIAMENTE se han utilizado para perpetuar opresiones a las mujeres, las personas racializadas y las personas en situación de pobreza. Se ha demostrado que las normas emocionales de género restringen el comportamiento de las mujeres y están diseñadas para limitar sus oportunidades en todos los ámbitos, incluidos el político y el laboral. Y que tú creas que sentir emociones es de mujercitas habla mal de ti, no de ninguna mujer. Hasta nunca.

MOMENTICO. No te vayas, Ramiro, que no he terminado. Que cualidades como la asertividad o la ambición, y emociones como la ira se consideren buenas en los hombres, pero negativas en las mujeres: POSITIVO PARA MACHISMO.

Que creamos que es de mal gusto hablar de las emociones, llorar en público, hablar de los dolores o manifestar inconformidades con respecto a nuestras relaciones sentimentales[20]: POSITIVO PARA CLASISMO Y MACHISMO.

Que la sociedad crea que las personas racia-

---

[20] Si no me creen, piensen en la controversia que se dio tras el lanzamiento de la Sesión 53 de Bizarrap con Shakira, en la que ella expresa su ira, su dolor, con respecto a la infidelidad de su marido. Por si vive debajo de una piedra, le cuento que mucha gente pegó un grito en el cielo. Salieron los blanquitos en problemas a decir que los trapos sucios se lavaban en casa. Que qué feo eso de hacer públicas las emociones. Ah, claro, porque Shakira es mujer. Porque los hombres, tipo Luis Miguel, The Weeknd o cualquier rapero, ellos sí pueden hablar de sus novias y de sus rupturas en TODAS sus canciones, eso no es de mal gusto, eso es ARTE. (Guiño guiño).

lizadas son inherentemente violentas, bravas, rabiosas, sensuales, sexuales, alegres y otro montón de adjetivos que además se han asociado con una noción de «barbarie»: POSITIVO PARA RACISMO Y CLASISMO.

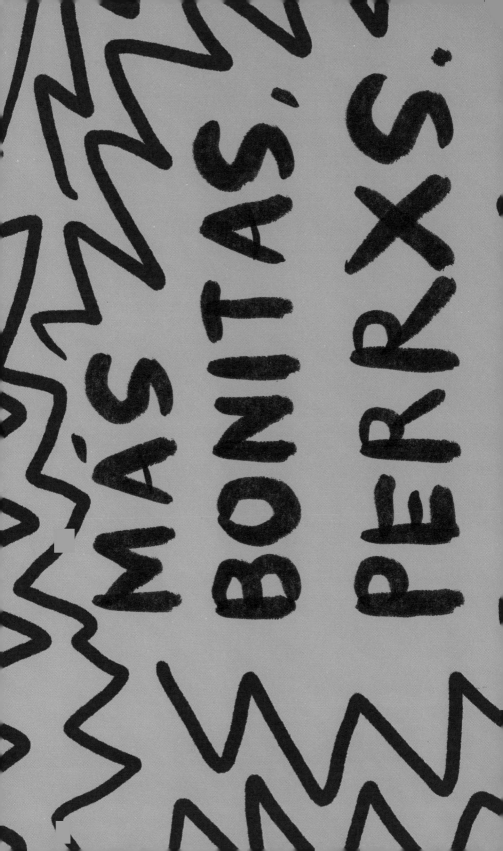

AZUFRE
REVUELTO
CON MIEL

(CELOS)

Un minuto, dos minutos, cinco minutos mirando una foto de A. en la que aparece sonriendo con un océano oscuro detrás. Un océano custodiado por nubes negras, adoloridas. En un principio me quedo mirando su sonrisa. Su cabeza está echada levemente hacia atrás y, aunque en la foto no aparece, puedo ver que con la mano izquierda se abraza el vientre con suavidad. Lo puedo ver porque eso hace cuando se ríe, siempre que su risa es honesta y le nace de las entrañas. Por eso se lleva las manos al vientre, porque cuando se ríe lo hace desde adentro, desde las tripas, desde el píloro, los riñones, el estómago, el colon, el intestino delgado, el esófago, incluso el corazón.

Mientras escribo esto, suena su voz en mi cabeza diciendo lo que tantas veces la oí predicar, como si se tratara de un descubrimiento, una revelación: «El estómago y el corazón son lo mismo», decía, «por eso las tristezas se convierten en náuseas y por eso el amor se mide en huecos, en abismos».

Medir el amor en abismos que se alojan en el estómago era solo una de las muchas medidas que usaba A. para cuantificar diferentes cosas de su vida. Medía el tiempo con mis ojos, la distancia con canciones, la tristeza con bostezos, el amor (otro tipo de amor, uno que va después de los abismos estomacales) con el sudor de las palmas de las manos, el olvido con libros. (Ejemplo: si soy capaz de leer más de un libro al mes sin pensar en ella ni querer llamarla a leerle frases, fragmentos o páginas enteras: estoy en un nivel medio del olvido. Si soy capaz de leer libros y no pensarla jamás, ni siquiera un instante, ni siquiera cuando aparecen palabras como: lágrima, burbuja, cielo o susurro, estoy en un nivel definitivo del olvido).

Después de contemplar su sonrisa en aquella foto, me quedo pensando en la persona que está detrás de la cámara. Me quedo pensando en mis fotos favoritas de A. En la que sale sentada en un sofá azul, con lucecitas de Navidad al fondo. En la que sonríe al lado de su hermano en un aeropuerto, creo que el de Madrid. En la que sale vestida de negro bailando en la mitad de la pista, con toda la luz del lugar abrazando su cuerpo. En la que solo se le ven las piernas desnudas mientras prepara café en la cocina. Pienso en las personas que le tomaron esas fotos. Pienso en que ella les sonríe como me sonríe a mí, con esa mirada que usa exclusivamente para coquetear. Tal vez de esto hablaba esa canción que no me puedo quitar de la mente y que me tortura. *A mí el corazón me arde, me arde.* Solo que ahora también me arde todo el cuerpo. Un desastre natural en el estómago, un sudor imperceptible en las palmas de las manos.

Celos

SENTIR MIS
EMOCIONES
NO ES LO
MISMO QUE
PENSAR SOBRE
MIS EMOCIONES

INVENTARIO DE SABERES SOBRE LAS EMOCIONES VIII

SENTIR ES UN ACTO RADICAL DE LIBERACIÓN ¨ REBELIÓN CONTRA EL SISTEMA.

LLORAR EN PÚBLICO, TAMBIÉN.

MOVILIZARSE POR LA IRA, TAMBIÉN.

CUESTIONAR EL AMOR ROMÁNTICO, TAMBIÉN.

HABITAR LA TRISTEZA,
TAMBIÉN.

NAVEGAR LA
INCERTIDUMBRE,
TAMBIÉN.

CELEBRAR LA
PLURALIDAD DE
LAS EMOCIONES
QUE NOS ATRAVIESAN,
TAMBIÉN.

Y FUE

POR TI

QUE APRENDÍ

A QUERER

LOS GATOS

(AMOR)

—Esta de acá es una peca —dije yo.

—No, eso es un lunar —dijo ella—. Es más oscuro.

—No siempre fue así. Antes era un poco más transparente, más pequeña.

—Menos como tú.

Quiero seguir hablando, pero me quedo callada. Odio cuando dice cosas así. Cosas cursis que me dan un corrientazo en la cervical y que por algún extraño motivo me gustan. *¿Me gustan?* Odio cuando pronuncia frases que me llenan el cuerpo de abismos porque me quiero quedar a vivir en ellas. Las odio porque me hacen sentir cosas en lugares de mi cuerpo que no sabía que existían (o que se me habían olvidado). Detesto la manera en la que de la nada me siento transparente, como si mi cara se convirtiera en un aviso gigante, de esos que ponen en el vidrio del frente de los buses para anunciar las rutas, y mientras estoy ahí sentada, debatiéndome entre el repelús y el deseo, se me escriben

en la frente frases de manera involuntaria. Cosas como:
d e j a y a d e h a b l a r y d a m e u n b e s o
n o q u i e r o q u e t e v a y a s n u n c a
t e h e a m a d o d e s d e s i e m p r e   l a s c o s a s c u r s i s -
q u e d i c e s m e d a n g a n a s d e s a l i r c o r r i e n d o p e -
r o e s t o y p e l e a n d o c o n t r a e s e i m p u l s o e s t ú p i d o
estavezyomequieroquedar

Trato, lo más rápido posible, de deshabitar sus palabras
para volver a las mías y en ese intento borrar cualquier
indicio de vulnerabilidad que pude haber dejado atrás (que
sé que dejé atrás).

—Lo que pasa es que una peca grande es la suma de muchas
pecas chiquitas. Esta parece un lunar, pero en verdad es
un conjunto de pecas que ahora son solo una.

—¿Por qué sabes eso?

—Porque me lo enseñó mi papá.

—¿Qué hace tu papá?

—Es médico —le digo.

—¿Y qué más te enseñó? —me pregunta mientras pasea sus
dedos por mis hombros.

Pienso: «Que no se ponga a dibujar cosas con mis pecas,
que no se ponga a dibujar cosas con mis pecas, que no se
ponga a dibujar cosas con mis pecas».

—Que no se puede abusar del acetaminofén. Que comer

helado no necesariamente hace que una gripa empeore. Que a las heridas nunca hay que echarles café. Que existe algo llamado síndrome del *shock* tóxico. Que si tienes una inflamación es mejor no tomar lácteos. Que dormir a deshoras descuadra el ritmo circadiano. Que no todos los cuerpos están hechos para madrugar y que eso está bien. Que madurar es dejar de pensar en uno mismo para pensar en los demás. Que si miente es por falta de imaginación, porque la verdad también se inventa. Que hay diferentes niveles de dolor físico y emocional y que es importante tener clara la escala que sirve para cada uno de nosotros porque traducir el dolor a palabras que otra persona entienda es una de las tareas más difíciles de la vida y al mismo tiempo una de las más importantes. Que estudiar es más efectivo si uno usa hojas amarillas. Esto no me lo enseñó directamente, pero un día, después de ver *Stigmata* en cine, llegamos a casa y me pasó su copia de *Guía de perplejos* de Maimónides. No entendí nada, pero me entraron ganas de leer la Biblia como un libro y no como un manual moral. Entendí que la gente utiliza la religión para defender cosas que no tienen defensa. Me enseñó que la disciplina podía ser mi centro emocional. Que el corazón no se me estaba saliendo; era solo taquicardia inducida por el salbutamol, necesario para calmar mis ataques de asma. Que si tenía dudas no me conformara con respuestas simples, que indagara, siempre. Que la cúrcuma y el jengibre curan casi todo. Que la música también. Intentó enseñarme a tocar los timbales como él y no pudo. A tocar la trompeta como él y tampoco. Me enseñó a ser generosa, con todo, con mi tiempo y con mis afectos.

Por eso, mientras tú dibujas en mis pecas, yo te cuento cómo él me cuidaba. Este es mi lenguaje del amor.

YO TE ESCUCHARÉ
CON TODO EL SILENCIO
DEL PLANETA
Y MIRARÉ TUS OJOS
COMO SI FUERAN LOS
ÚLTIMOS DE
ESTE PAÍS.

CAFÉ TACVBA

INVENTARIO DE SABERES SOBRE LAS EMOCIONES IX

Por si no había quedado claro: las emociones tienen un factor común universal, pero en sí mismas NO son universales. Están atravesadas por el lenguaje, la cultura, la historia. Entonces, no. Nosotros los latinoamericanos no sentimos las emociones de la misma manera que las siente un alemán. Y como yo creo que Betty la Fea nos ha unido a todos en Latinoamérica, y porque también estoy cansada de explicar esto tan complejo, le pedí a mi amigo Crimson que les explicara algunas cosas que nos enseñó Betty sobre la inteligencia emocional[21]:

---

[21] Y en caso de que esto no sea suficiente les recomiendo *El lenguaje de las emociones, afecto y cultura en América Latina* editado por Mabel Moraña e Ignacio M. Sánchez Prado.

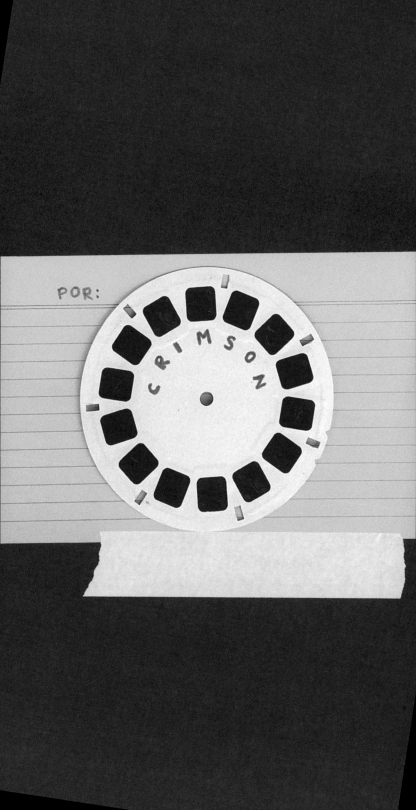

1. MI SATISFACCIÓN PROFESIONAL Y MI VALÍA COMO PERSONA NO DEBE SER MEDIDA POR MI DESGASTE LABORAL NI POR MI PRODUCTIVIDAD.

2. LA CABECERA DE LA MESA ESTÁ DONDE YO ESTÉ SENTADA.

3. EL AMOR PROPIO ES EL VERDADERO

✦✦ TRIPLE PAPITO RICO ✦✦

④

> Frustración? 17:36 ✓✓

Frustración la que sintió Einstein cuando vio que sus descubrimientos sirvieron para fabricar la bomba atómica. 17:37 ✓✓

Frustración porque un hombre me deje metido? 17:37 ✓✓

> Jamás. 17:37 ✓✓

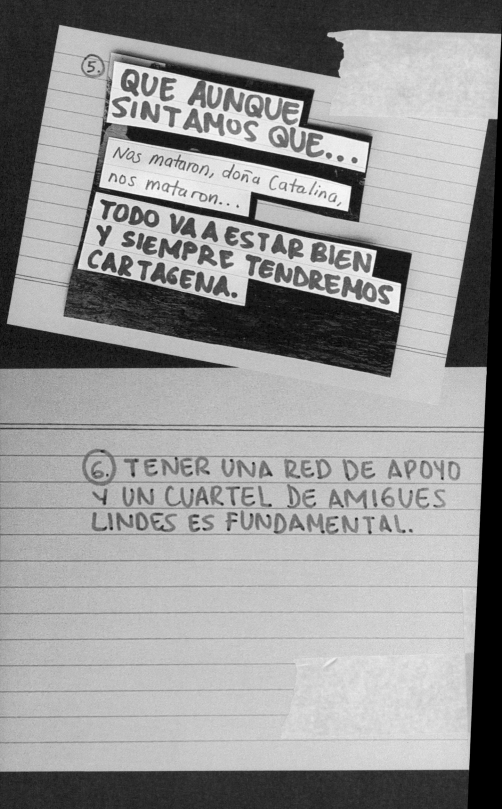

⑤ QUE AUNQUE SINTAMOS QUE...

Nos mataron, doña Catalina, nos mataron...

TODO VA A ESTAR BIEN Y SIEMPRE TENDREMOS CARTAGENA.

⑥ TENER UNA RED DE APOYO Y UN CUARTEL DE AMIGUES LINDES ES FUNDAMENTAL.

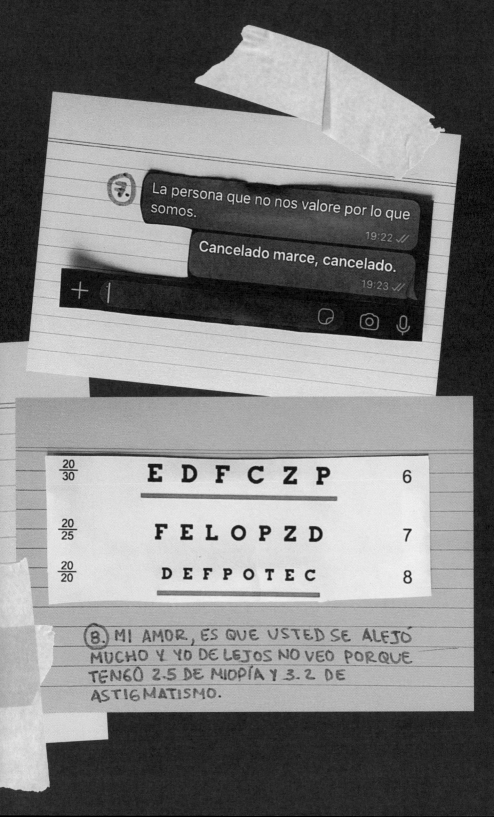

7. La persona que no nos valore por lo que somos.

19:22

Cancelado marce, cancelado.

19:23

$\frac{20}{30}$	E D F C Z P	6
$\frac{20}{25}$	F E L O P Z D	7
$\frac{20}{20}$	D E F P O T E C	8

8. MI AMOR, ES QUE USTED SE ALEJÓ MUCHO Y YO DE LEJOS NO VEO PORQUE TENGO 2.5 DE MIOPÍA Y 3.2 DE ASTIGMATISMO.

Y, ASÍ CÓMO VES,

ESTOY

VIVA

AÚN

(RESILIENCIA)

Mi relación con el dolor es compleja, como la de todos, supongo. No sé cómo otras personas transitan el dolor. Yo me lo trago, como una masa que paso con saliva y que me rasga la laringe en su camino. A veces la saliva no es suficiente: se queda atascado cerca de la tráquea. Es incómodo, pero lo prefiero ahí que en la punta de la lengua, o encima de la piel. Hago esto desde niña, nadie me enseñó. Fue mi instinto inmediato *cuando pasó aquella cosa* y yo tenía cuatro o cinco años. Ha cambiado mi relación con el dolor desde entonces; quisiera decir que mucho, pero eso sería mentir. Lo tolero en altas intensidades porque la técnica de tragarlo es (o era) efectiva. Había dolores que eran más fáciles de deglutir que otros y me gasté una vida sintiéndome orgullosa de ello. Hasta que, hace un par de años, sucedió algo conectado con aquello pero muchísimo peor. Y llegó un dolor sordo y despojado de palabras. Algo más doloroso que la palabra dolor. Algo imposible de tragar. No me quedó más opción que sentirlo y sentirlo, profundamente, un escenario bastante miedoso para una profesional en esquivar tristezas. Fue horrible e intenso y largo y agotador. No aprendí nada de ese dolor. Aprendí que esa obsesión por encontrarle un sentido positivo al dolor era enferma. Aprendí a sentir mis emociones, eso sí. Hubo meses enteros en los que pensé que nunca llegaría a estar mejor. Me acuerdo del día en que me di cuenta de que podía sentir otra cosa. Fue oyendo *The Steps* de Haim. Me senté muchas tardes a oír su música y me agarré de lo que me hacía sentir para quitarme el desconsuelo de los huesos. Entendí que mi papá tenía razón: todo ese tiempo me había entregado a los libros para que me sanaran y, en este caso, llegó la música y me salvó. Apenas pude compré tiquetes aéreos y boletas para ir a verlas en concierto. Y aquello más que un concierto fue una peregrinación de regreso a las partes de mí que saben lidiar con las emociones. Fue un recordatorio de que ya no tengo que tragarme el dolor: puedo atravesarlo.

Atravesé la hoguera y ahora soy a prueba de fuego. Ya sé que puedo. Cuando vuelva el dolor, no volveré a esquivarlo, ni a huirle, ni a enterrarlo. Caminaré directo hacia él.

SET LIST
HAIM
NYC

9-05-22

Now I'm in it
I Know Alone
Up From a Dream
My Song 5
Want you Back
3am
I've been down
Gasoline
Learning on You
Hallelujah
Los Angeles
Don't wanna
Forever
Summer Girl
The Wire
The Steps

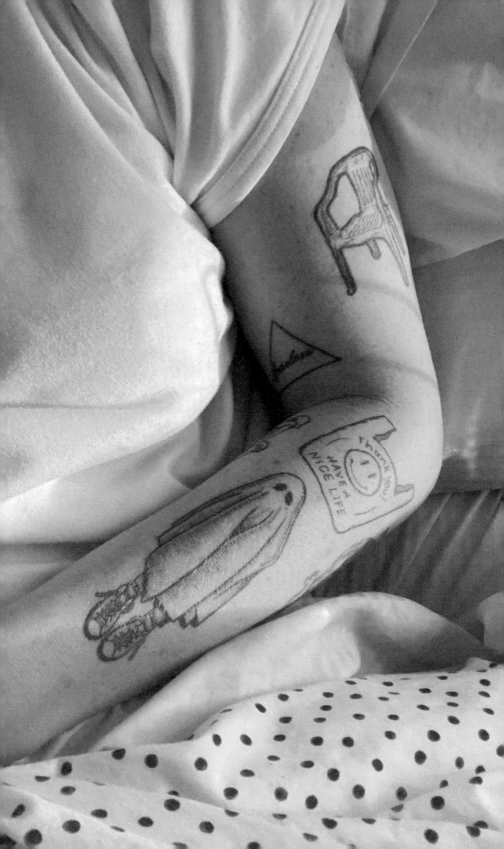

INVENTARIO DE SABERES SOBRE LAS EMOCIONES X

Es imposible entender nuestras emociones sin entender las complejidades del mundo que nos rodea. No solo influyen la cultura, la economía o las creencias en la manera en que experimentamos las emociones. También influyen cosas como la moda, la arquitectura, el diseño de la ciudad donde vivimos, el concepto que tenemos de cuerpo y cómo nos relacionamos con este, nuestros juicios morales y las políticas que rigen el país en el que vivimos. Cuestionar nuestra relación con nuestras emociones no es solo un trabajo interior que apunta al solipsismo; es también una invitación a redescubrir y replantearnos lo que somos como sociedad y cómo podemos ser mejores en COLECTIVO.

Así como seguimos viviendo la mentira de que todo lo emocional y psicológico sucede en nuestra cabeza (cuando en realidad son procesos complejos que involucran el cuerpo entero), vivimos bajo un paradigma que pone la salud mental, la educación emocional y la sanación sentimental como tareas exclusivas del individuo. No solo esto, también limita los espacios de sanación a lugares antisépticos y aislados como el consultorio médico, el hospital psiquiátrico y el consultorio psicológico (estos últimos son mejores que los segundos). Este paradigma imperante nos pone en una situación en la que el diálogo emocional y la sanación suceden solo en una conversación uno a uno y en espacios reducidos. Esto perpetúa la sensación individualista de estos procesos. Creo que es hora de trascender ese método, no solo porque es profundamente clasista —pocas personas tienen acceso a los especialistas de salud mental—, sino también porque la mayoría de las veces tiene una visión muy reducida de la sanación (solo sanamos hablando), y en últimas, nos aparta de sanar por medio de nuestras comunidades. Cosa que necesitamos con urgencia, porque somos, como lo dije antes, un batallón de lisiados emocionales.

No solo debemos ampliar nuestro lenguaje emocional[22], sino también nuestro entendimiento de a través de qué y cómo sanamos. Sí, ir al psicólogo está bien, pero las clases de baile también sanan, cultivar una práctica constante de yoga sana, correr sana, escribir con fines terapéuticos sana. Tenemos que aceptar, integrar e incluir diferentes métodos de terapias, que no por estar al margen de la medicina o la psicología significa que no funcionen (así como tampoco significa que solo en una de estas terapias podamos depositar nuestra salud mental). Idealmente deberíamos pensar en nuestro bienestar emocional como una integración de diferentes prácticas que nos permitan conectar más con nosotros mismos y crecer.

---

[22] ¿Ya les recomendé el *Atlas de las emociones humanas* de Tiffany Watt Smith?

Cuando digo que deberíamos sanar en colectividad, quiero decir que debemos instruirnos y educarnos para conformar una red de apoyo, no solo para nuestros amigos y familiares, sino también para nuestros vecinos y miembros de la comunidad. Si SENTIMOS en comunidad, deberíamos también SANAR en comunidad. Deberíamos abrir espacios de conversación y de sanación, ya sea a través del arte (obras de teatro, muestras fotográficas, lecturas en voz alta, lo que sea) o a través de conversaciones o terapias grupales.

Hace diez años no hablábamos de salud mental como lo hacemos hoy. Hoy tenemos una sobresaturación de información, pero no tenemos ni idea qué hacer con ella. Sabemos tan poco que acá estamos, apenas entendiendo nuestras emociones. ¿Qué sigue? Dejar de tragar información solos y dialogar. Hablar sobre emociones. Poner este tema en la comida familiar, en el café con los amigos, en conversaciones con extraños. Llorar en público. Reír en público. No sentir miedo de la rabia, ni de la tristeza, no tener miedo del miedo. Sentirlo todo. Sentir todas las emociones y sentirlas JUNTOS es la idea más radical que tengo para ustedes en este libro. Es lo que me salvó y me sigue salvando, no leer un montón de libros sobre las emociones, sino sentir, creer y crear en comunidad.

SIN ALMOHADAS
PARA LLORAR

(ENVIDIA)

Lista de cosas que me dan envidia:

1. Todas y cada una de las personas que son capaces de dormir profunda y plácidamente en un avión.

Quiero ser capaz de...

2. Esas familias que se quieren aunque peleen y que alquilan casas para vacacionar juntos al menos una vez al año, en lugares con interiores blanquísimos y amplios, ventanales de piso a techo y vista al mar.

Haré mi propia familia.

3. Los herederos. Voy a heredar todas mis riquezas a quienes amo.

4. La gente que siempre cae parada. Que parece que el karma no los toca. KARMA IS MY BOYFRIEND

5. No sufrir de culpa. ¡¡¡NO ES MI CULPA!!!

6. La gente que no tiene, ni conoce el síndrome de impostor. Dicen que hay una correlación entre la inteligencia y este síndrome.

7. La gente que no tiene página en Goodreads.

Siempre quise ser escritora.

8. Beyoncé

Algún día seremos amigas. Creo.

9. Vivir en un país donde se pueda salir a caminar de noche sin miedo. El patriarcado ¡se va a caer!

10. La gente que tolera los lácteos o que nunca ha sentido un dolor de colon. AMO la leche de avena.

11. Todos los amigos de Sophie Calle.

Mis amigos son lo más lindo que hay.

12. Las personas que nunca han experimentado cómo se siente estar muy deprimido.

Esto me ha hecho más empática.

13. La gente que nunca ha sufrido seriamente de ansiedad.

Poder ayudar a mis amigos a transitar sus ataques de pánico/ansiedad.

14. Tener padres que fueron o están dispuestos a ir a terapia.

Soy mi propia madre y me doy todo y voy a terapia.

15. La gente que es capaz de madrugar sin sentir como si le hubieran pegado tres puños en la cara y otros dos en la costilla izquierda.

Quedarme toda la noche leyendo.

16. La gente capaz de superar un corazón roto solo con leer un libro.

Pude superar un corazón roto escribiendo un libro 😊.

17. Aquellos que tienen buena voz y buen oído. Toda la gente que canta increíble, baila increíble y es capaz de hacer música en su cabeza.

Invitados a mi fiesta.

18. Adele. Meryl Streep. Delphine De Vigan. Annie Ernaux. Anne Boyer. Lucia Berlin. Mariana Enríquez. Susan Sontag. Camila Sosa Villada. Alec Soth. Stephen Shore. Francesca Woodman. Elinor Carucci. Phoebe Bridgers. Charlotte Wells. Amy Poehler. Phoebe Waller-Bridge. Carrie Mae Weems. Jil Sanders. Phoebe Philo. Gillian Wearing. Clarice Lispector. Félix Gónzalez-Torres. Graciela Iturbide.

> INVITADOS A MI CUMPLEAÑOS <

19. Los seres humanos de avanzada que son capaces de ir al baño fuera de su casa.

Perdón, ¿han visto mi baño?

20. Los salarios de los futbolistas. Ganar mil millones de pesos al mes.

Se vale soñar.

21. La vida que tienen mis gatos. O la vida que tienen los perros de la reina Isabel II (Q.E.P.D.).

Creo en la reencarnación.

22. No tenerle miedo a la confrontación y ser capaz de decir las cosas sin rodeos.

En vez de esto escribo libros.

23. La biblioteca del castillo de la bestia, en *La Bella y la Bestia*.

Llévenme a Disney ¿Esto está en Disney verdad? ¿Disney tiene biblioteca?

24. La gente que es capaz de hablar con animales. O eso dicen.

¿¡Quién se aguanta la cantaleta de Río!?

25. Nunca haber sufrido de insomnio.

No habría escrito, ni leído nada.

26. La gente que no procrastina.   *No existe.*

27. Esos escritores que escriben libros de doscientas páginas en cinco días.   *TAMPOCO EXISTEN*

28. La gente que vive feliz, sin cuestionarse mucho el mundo ni el sistema en el que vivimos ni la mentira del amor romántico ni la muerte de Aaliyah o de Tupac ni nada en realidad. Van felices. Perfectamente adaptados a este mundo demente en el que estamos.

Mi editora me dijo que esto tampoco.

29. La gente que vive en Nueva York y puede ir todos los días al Metropolitan Museum of Art si así lo quiere.   *Siempre podré ir de visita. Creo. Ojalá.*

30. Las personas fotogénicas.

Crim dice que me calle.

31. La gente que no ha tenido, ni tendrá acné. *Ya qué.*

32. La poesía de Idea Vilariño.

Por allá estará el mar / el que voy a comprarme.

33. Los pensionados gringos.

¿Alguna gringa ejecutiva se quiere casar conmigo? Siempre quedará el amor.

P.D: TE AMO, SHIV.

AHORA USTEDES ESCRIBAN
SU PROPIA LISTA Y CÁMBIENLA

No sé cómo mostrar dónde me duele

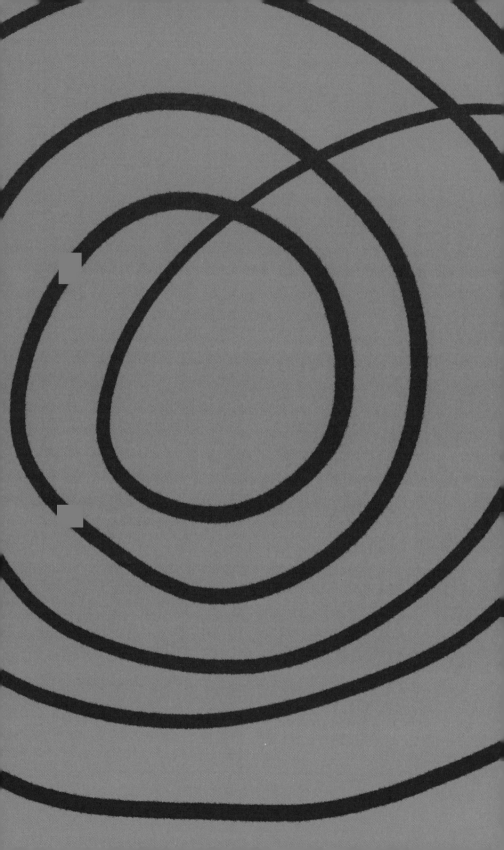

CELESTE,
CUÉSTEME LO
QUE ME CUESTE

(ASOMBRO)

Pensé que no iba a salir de mi cama nunca. En mi momento más sombrío, vi una obra de teatro sobre un niño que comienza a hacer una lista de cosas maravillosas para salvar a su madre de la depresión y dije: «Yo quiero hacer esa obra». No sé por qué. No sé actuar, tengo ansiedad social, no soy capaz de memorizar ni el celular de mi hermano, pero quiero hacer esa obra. En ese instante de esperanza llamé a un amigo y le dije que tenía una idea, que nos tomáramos un café. Esa tarde salí por primera vez a la calle en semanas; me aturdí con el brillo de la vida, con cuán diferente e igual se veía todo. Las mismas calles, el mismo cielo gris, la misma acera sucia que tengo que atravesar para salir de mi casa.

Mi amigo dijo que sí, y empezó a materializar mi sueño como solo esas personas materializadoras lo hacen. Me paré por inercia al primer ensayo, incrédula. Igual, al segundo y al tercero. Conocí a gente increíble que me hacía reír. Me reí mucho. Eso era nuevo. Reírme todos los días. Comencé a aprenderme el texto, o a intentarlo. Memoricé una lista de casi un millón de cosas maravillosas por las que vale la pena vivir. Modifiqué esa lista e incluí cosas que me maravillan a mí:

 # 52 El olor de las sábanas secadas por el sol de Cali

 # 318 Quemar cosas

 # 521 La palabra ROCAMBOLESCO

 # 10,001 Selena

Entendí que escribir y actuar se parecen mucho, que ambas son realmente buenas cuando las herramientas que usas —el artificio— no se ven. La actuación y la escritura solo son buenas cuando uno es capaz de transmitir verdad. De lo contrario todo se desploma.

Me di cuenta de que la vida sucede a pesar de ti y termina maravillándote. Me di cuenta de que lanzarse al vacío salva. Que la vida me sostiene a través de la más pequeña de las cosas. Como caminar por la ciudad. No importa si llueve, no importa si me duelen las piernas, no importa si me da calor y después frío y después calor otra vez y así cada tres cuadras. Caminar hasta sanarlo todo. Escribir cartas mentales mientras paso por calles que antes no conocía. Mientras paso por pequeños bosques. Mientras paso por casas que quisiera que fueran mías. Escribir en la mano cosas que no puedo olvidar: volver a Fiona Apple, volver a Jeanette Winterson, comprar pan. Cantar las canciones del Grupo Niche. Caminar. Caminar hasta sanarlo todo. Llegar a casa y escribir.

85
ACARICIAR
GATOS

523
CUANDO UN VUELO
NO TIENE
TURBULENCIA

341
EL PRIMER
CAFÉ DE LA
MAÑANA

723
LAS AREPAS
DE PABELLÓN

102
EL MANJAR
BLANCO

4
MONTAR
BICI

NOTA

Como siento que a veces no soy buena tradu-
ciendo emociones a palabras, acudí a la experta
en este tema: Shakira Isabel Mebarak, directa responsable de mi educación sentimental.
Tomé prestadas frases de sus canciones para
titular los capítulos de este libro. ¿Es este gesto
un homenaje a ella? De pronto. ¿Es porque es
una genia que ha sabido capturar sus emociones y al mismo tiempo nuestros sentimientos
colectivos en música que ahora hace las veces
de *soundtrack* de nuestras vidas? Sin duda.
¿Es porque Shakira lo ha sentido todo? Por
supuesto. ¿Es porque Shakira siempre sabe
más? Sí, es porque Shakira siempre sabe más.

AGRADECIMIENTOS

A Gloria Susana Esquivel y Alejandro Gómez Dugand, por ser mi manada, coescribir este y todos los libros conmigo. Por salvarme de mí misma. Por estar siempre.

A Carmina Rufrancos, Montserrat Flores, Myriam Vidriales, Mariana Marczuk y a todos los equipos de Planeta alrededor del mundo por ayudar a materializar este libro.

A Silvana Perdomo, Silvia Camargo y Nathalia Jaramillo, las chicas detrás de SOLA. Son unas genias, es un honor para mí que hayan diseñado este libro.

A mi mamá, mi papá, Santiago, Río, Carmen y Nela por ser mi familia.

A Catalina Niño Cordero, por ser la mejor traductora de pensamientos a emociones que existe en el planeta, por acompañarme, guiarme y ayudarme en estos años de oscuridad.

A La Mamma, por todo, siempre y para siempre.

A todos los que hicieron posible que *Todas las cosas maravillosas* existiera, a todas las personas que fueron a ver la obra y leyeron de pedazos de papel un millón de razones por las cuales vale la pena vivir.

A Crim, por formar parte de este libro, por su generosidad e incondicionalidad enorme. A Martín y a Julián, por que siempre tendremos a Liz Lemon. A todos mis amigos por hacerme sentir millonaria en el Banco de la Amistad.

A Mariauxy Castillo por ser una sagitario excepcional, por la amistad y por las herramientas. A Mónica Ardila, por recogerme en un supermercado un miércoles cualquiera y salvarme.

A Amanda Miguel, por llenarme de alegría las manos, la boca, los días.

A Andrea Montejo, mi Paquita Salas personal, por ser la mejor agente, cómplice y amiga. Por apoyarme, darme una segunda casa y hacerme sentir que su familia también es mi familia. Por darme el privilegio de sentir que pertenezco.

A Alejandra Algorta, mi amiga maga, amiga camino para regresar a casa, amiga editora, amiga genia, amiga familia, amiga que me salva la vida, me llena de vida, me recuerda por donde es el camino cuando me pierdo. Sin ti yo no estaría acá y este libro no existiría. Te amo.

A mis lectores por permitirme hacer realidad mis sueños de niña, por su generosidad, cariño y complicidad siempre.

Y finalmente a mis emociones más incómodas, no voy a decir que las quiero porque sería la peor mentira, pero gracias. Me han hecho humilde. Soy acuario.
Lo necesitaba.

BIBLIOGRAFÍA

LIBROS

Ahmed, Sarah, *La política cultural de las emociones* [Cecilia Olivares Mansuy, trad.], México, UNAM, 2015.

_____, *La promesa de la felicidad: Una crítica cultural al imperativo de la felicidad* [Hugo Salas, trad.], Argentina, Caja Negra, 2019.

_____ y Stacy, Jackie, *Thinking Through the Skin*, Londres, Routledge, 2001.

Brown, Brené, *Atlas of the heart: Mapping Meaningful Connection and the Language of Human Experience*, Nueva York, Random House, 2021.

Cabanas, Edgar y Illouz, Eva, *Happycracia,* España, Paidós, 2019.

Damásio, António R., *El extraño orden de las cosas: La vida, los sentimientos y la creación de las culturas* [Joandomènec Ros, trad,] España, Ediciones Destino, 2018.

_____, *Sentir y saber: El camino de la consciencia* [Joandomènec Ros, trad,] España, Ediciones Destino, 2021.

Foucault, Michel, *Vigilar y castigar: Nacimiento de la prisión* [Aurelio Garzón del Camino, trad.], 2a. ed., España, siglo xxi editores, 2009.

Felrman, Lisa, *How Emotions are Made: The Secret Life of the Brain*, Nueva York, Mariner Books, 2017.

Frazzetto, Giovanni, *Cómo sentimos: Sobre lo que la neurociencia puede y no puede decirnos acerca de nuestras emociones*, Barcelona, Anagrama, 2014.

Greco, Monica y Stenner, Paul, *Emotions: A social science reader*, Londres, Routledge, 2009.

Illouz, Eva, *El futuro del alma + La creación de estándares emocionales* [Mireia Cererols y Maria Cifuentes, trads.], Argentina, Katz, 2015.

———, *Capitalismo, consumo y autenticidad: Las emociones como mercancía* [Stella Mastrangelo, trad.], Argentina, Katz, 2019.

———, *La salvación del alma moderna: Terapia, emociones y la cultura de la autoayuda* [Santiago Llach, trad.], Argentina, Katz, 2010.

Lutz, Catherine A. y Abu-Lughod, Lila, *Language and the Politics of Emotion (Studies in Emotion and Social Interaction)*, Nueva York, Cambridge University, 1990.

Moraña, Mabel y Sánchez Prado, Ignacio M., *El lenguaje de las emociones: Afecto y cultura en América Latina*, Madrid, Iberoamericana, 2012.

Panksepp, Jaak, *Affective Neuroscience: The Foundations of Human and Animal Emotions, Estados Unidos,* Oxford University Press, 2005.

Odell, Jenny, *Cómo no hacer nada: Resistirse a la economía de la atención* [Juanjo Estrella, trad.], España, Ariel, 2021.

Stets, Jan E. y Turner, Jonathan H., *Handbook of the Sociology of Emotions: Volume II,* Nueva York, Springer, 2014.

Van der Kolk, Bessel, *The Body Keeps the Score: Brain, Mind, and Body in the Healing of Trauma*, Penguin Books, 2015.

Watt, Tiffany, *Atlas de las emociones humanas* [Jara Diotima Sánchez, trad.], España, Blackie Books, 2022.

PELÍCULAS

Inside Out
Coco
Birdman or (The Unexpected Virtue of Ignorance)
Moonlight
Nomadland
Portrait of a Lady on Fire